Impressum
Verlag: BABADADA GmbH, Nedderfeld 112 , 22529 Hamburg
Geschäftsführer / Verlagsleitung: Harald Hof
Druck: Books on Demand GmbH, In de Tarpen 42, 22848 Norderstedt

Imprint
Publisher: BABADADA GmbH, Nedderfeld 112 , 22529 Hamburg, Germany
Managing Director / Publishing direction: Harald Hof
Print: Books on Demand GmbH, In de Tarpen 42, 22848 Norderstedt

el colegio
ໂຮງຮຽນ

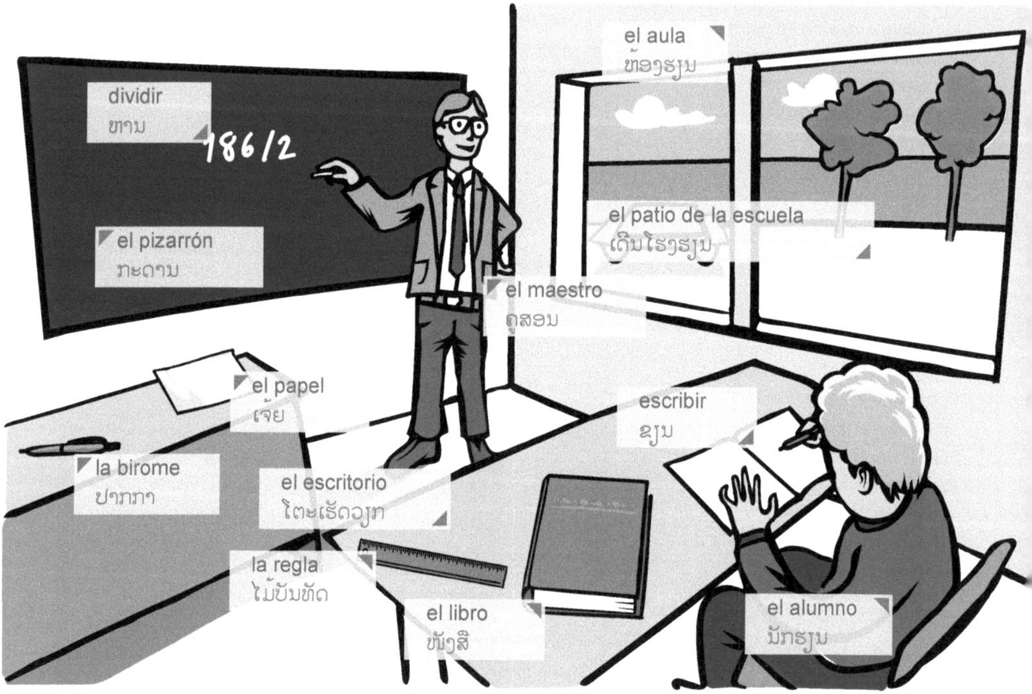

dividir
ຫານ
186/2
el pizarrón
ກະດານ
el aula
ຫ້ອງຮຽນ
el patio de la escuela
ເດີ່ນໂຮງຮຽນ
el maestro
ຄູສອນ
el papel
ເຈ້ຍ
escribir
ຂຽນ
la birome
ປາກກາ
el escritorio
ໂຕະເຮັດວຽກ
la regla
ໄມ້ບັນທັດ
el libro
ໜັງສື
el alumno
ນັກຮຽນ

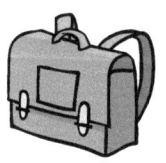

la mochila
ກະເປົາໃສ່ປຶ້ມທີ່ມີສາຍພາຍ

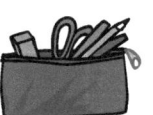

la caja de lápices
ກັບສໍດຳ

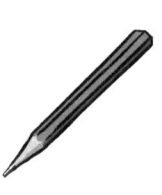

el lápiz
ສໍດຳ

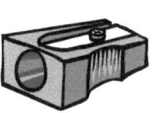

el sacapuntas
ເຄື່ອງແຫຼມສໍ

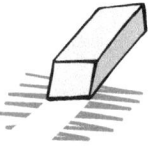

la goma (de borrar)
ຢາງລຶບ

el bloc de dibujo
ສະໝຸດແຕ້ມຮູບ

el dibujo
ພາບວາດ

el pincel
ແປງທາສີ

la caja de pinturas
ກ່ອງສີ

la tijera
ມິດຕັດ

el pegamento
ກາວ

el cuaderno de ejercicios
ປຶ້ມເຝິກຫັດ

la tarea
ວຽກບ້ານ

el número
ຕົວເລກ

sumar
ບວກ

restar
ລົບ

multiplicar
ຄູນ

calcular
ຄິດໄລ່

la letra
ຕົວອັກສອນ

el abecedario
ພະຍັນຊະນະ

la palabra
ຄຳສັບ

el texto

ຂໍ້ຄວາມ

leer

ອ່ານ

la tiza

ສໍຂາວ

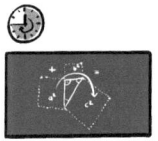

la lección

ບົດຮຽນ

el cuaderno de clase

ສົງທະບຽນ

el examen

ການສອບເສັງ

el certificado

ໃບຢັ້ງຢືນ

el uniforme escolar

ຊຸດນັກຮຽນ

la educación

ການສຶກສາ

la enciclopedia

ປື້ມຮວບຮວມຄວາມຮູ້ສາລະພັດ

la universidad

ມະຫາວິທະຍາໄລ

el microscopio

ກ້ອງຈຸລະທັດ

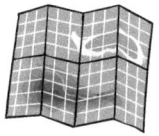

el mapa

ແຜນທີ່

el tacho (de basura)

ກະຕ່າໃສ່ເສດເຈ້ຍ

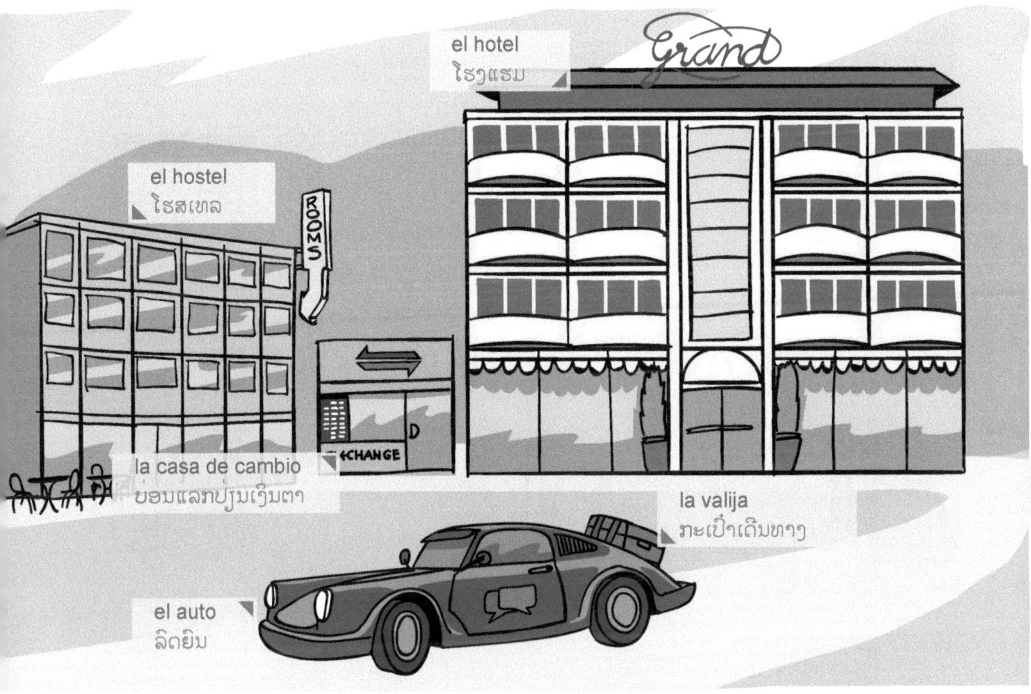

el hotel
ໂຮງແຮມ
Grand
el hostel
ໂຮສເທລ
ROOMS
la casa de cambio
ບ່ອນແລກປ່ຽນເງິນຕາ
la valija
ກະເປົາເດີນທາງ
el auto
ລົດຍົນ

el idioma

ພາສາ

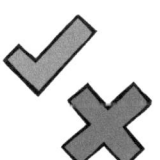

sí / no

ແມ່ນ / ບໍ່ແມ່ນ

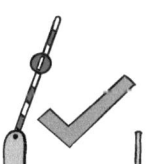

Está bien

ຕົກລົງ

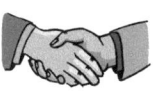

hola

ສະບາຍດີ

el traductor

ນັກແປພາສາ

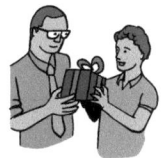

Gracias

ຂອບໃຈ

¿cuánto cuesta...?

ລາຄາເທົ່າໃດ...?

No entiendo

ຂ້ອຍບໍ່ເຂົ້າໃຈ

el problema

ບັນຫາ

¡Buenas tardes!

ສະບາຍດີຕອນແລງ!

¡Buenos días!

ສະບາຍດີຕອນເຊົ້າ!

¡Buenas noches!

ລາຕີສະຫວັດ

el adiós

ລາກ່ອນ

la dirección

ທິດທາງ

el equipaje

ກະເປົ໋າເດີນທາງ

el bolso

ກະເປົ໋າ

la mochila

ກະເປົ໋າພາຍຫຼັງ

el invitado

ແຂກ

la habitación

ຫ້ອງ

la bolsa de dormir

ຖົງໃສ່ເຄື່ອງນອນ

la carpa

ເຕັ້ນ

la información turística

ຂໍ້ມູນນັກທ່ອງທ່ຽວ

la playa

ຊາຍຫາດ

la tarjeta de crédito

ບັດເຄຣດິດ

el desayuno

ອາຫານເຊົ້າ

el almuerzo

ອາຫານທ່ຽງ

la cena

ອາຫານແລງ

el pasaje

ປີ້

el ascensor

ລິຟ

el sello

ສະແຕມ

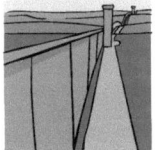

la frontera

ພົມແດນ

la aduana

ພາສີ

la embajada

ສະຖານທູດ

la visa

ວິຊາ

el pasaporte

ໜັງສືຜ່ານແດນ

el transporte
ຂົນສົ່ງ

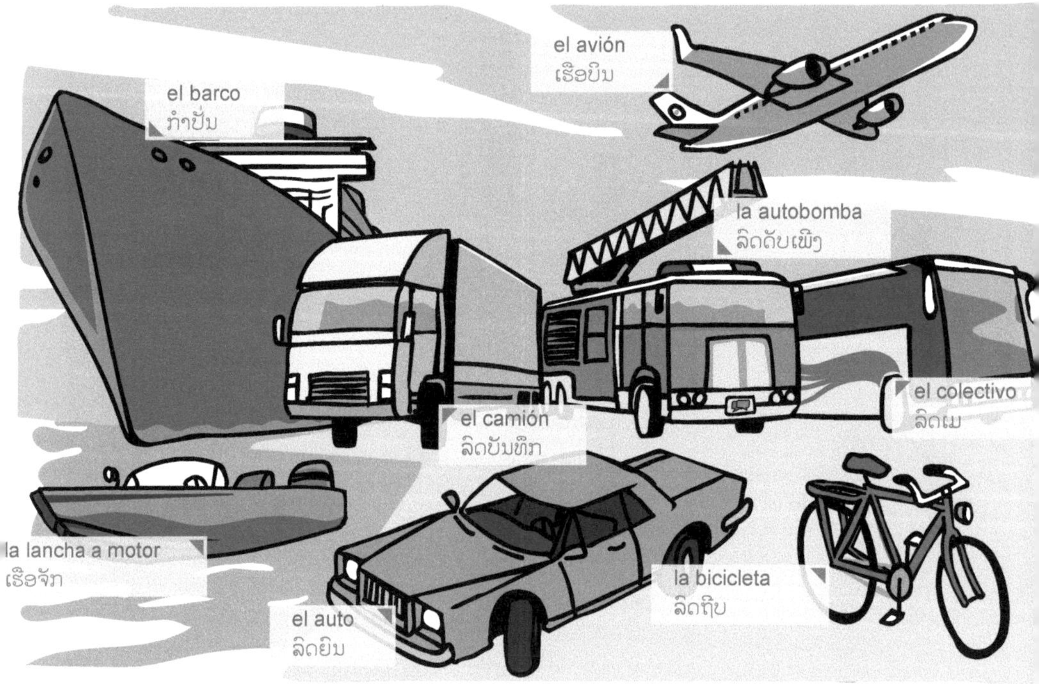

el avión
ເຮືອບິນ
el barco
ກຳປັ່ນ
la autobomba
ລົດດັບເພີງ
el colectivo
ລົດເມ
el camión
ລົດບັນທຶກ
la lancha a motor
ເຮືອຈັກ
la bicicleta
ລົດຖີບ
el auto
ລົດຍົນ

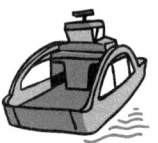

el ferry
ເຮືອຂ້າມຟາກ

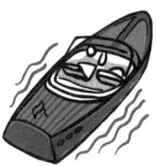

el bote
ເຮືອ

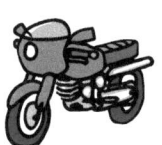

la moto
ລົດຈັກ

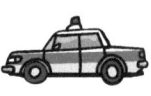

el patrullero
ລົດຕຳຫຼວດ

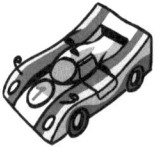

el auto de carreras
ລົດແຂ່ງ

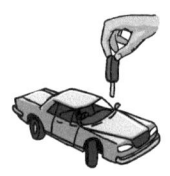

el auto de alquiler
ລົດເຊົ່າ

el alquiler de autos

ການແບ່ງປັນກັນໃຊ້ລົດ

la grúa

ລົດລາກ

el camión de la basura

ລົດຂົນຂີ້ເຍື້ອ

el motor

ເຄື່ອງຍົນ

la nafta

ເຊື້ອໄຟ

la estación de servicio

ປ໊ານ້ຳມັນ

la señal de tránsito

ປ້າຍຈາລະຈອນ

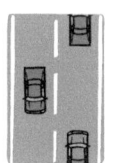

el tránsito

ການຈາລະຈອນ

el embotellamiento

ການຈາລະຈອນຕິດຂັດ

el estacionamiento

ບ່ອນຈອດລົດ

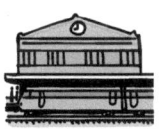

la estación de tren

ສະຖານີລົດໄຟ

las vías

ລາງລົດໄຟ

el tren

ລົດໄຟ

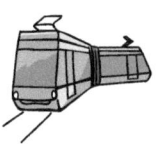

el tranvía

ລົດລາງ

el vagón

ຕູ້ລົດໄຟ

el helicóptero

ເຣລິຄອບເຕີ

el aeropuerto

ສະໜາມບິນ

la torre

ຫໍຄອຍ

el pasajero

ຜູ້ໂດຍສານ

el contenedor

ຕູ້ບັນຈຸສິນຄ້າ

la caja de cartón

ກ່ອງເຈ້ຍ

la carretilla

ກ້ວນ

la canasta

ກະຕ່າ

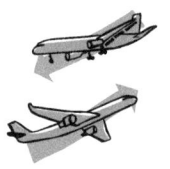

despegar / aterrizar

ເຮືອບິນຂື້ນ / ເຮືອບິນລົງຈອດ

la ciudad

ເມືອງ

el pueblo

ບ້ານ

el centro de la ciudad

ໃຈກາງເມືອງ

la casa

ເຮືອນ

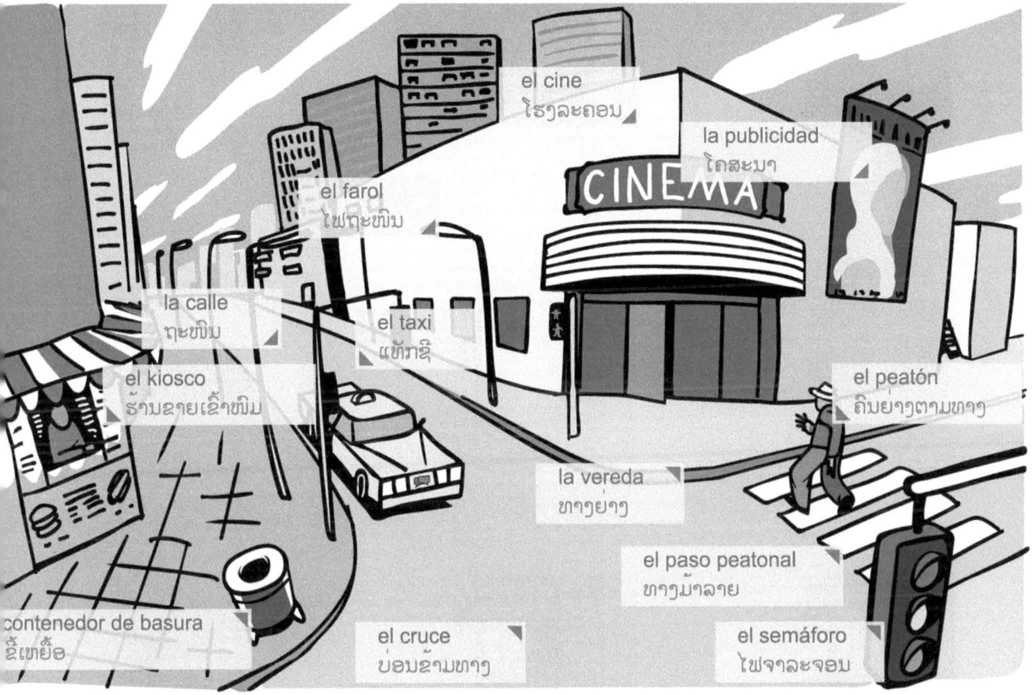

el cine
ໂຮງລະຄອນ
la publicidad
ໂຄສະນາ
CINEMA
el farol
ໄຟຖະໜົນ
la calle
ຖະໜົນ
el taxi
ແທັກຊີ
el kiosco
ຮ້ານຂາຍເຂົ້າໜົມ
el peatón
ຄົນຍ່າງຕາມທາງ
la vereda
ທາງຍ່າງ
el paso peatonal
ທາງມ້າລາຍ
contenedor de basura
ຂີ້ເຫຍື້ອ
el cruce
ບ່ອນຂ້າມທາງ
el semáforo
ໄຟຈາລະຈອນ

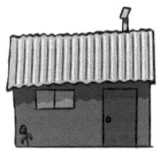

la cabaña

ຕູບ

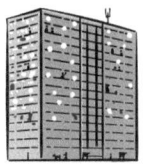

el departamento

ແຟລດ

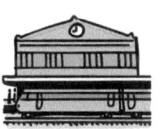

la estación de tren

ສະຖານີລົດໄຟ

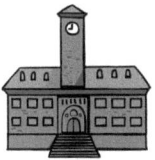

la municipalidad

ໂຮງການເມືອງ

MUSEUM

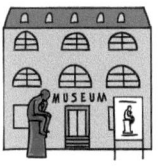

el museo

ຫໍພິພິດຕະພັນ

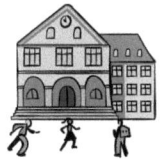

el colegio

ໂຮງຮຽນ

la universidad

ມະຫາວິທະຍາໄລ

el banco

ທະນາຄານ

el hospital

ໂຮງໝໍ

el hotel

ໂຮງແຮມ

la farmacia

ຮ້ານຂາຍຢາ

la oficina

ຫ້ອງການ

la librería

ຮ້ານຂາຍໜັງສື

el negocio

ຮ້ານຄ້າ

la florería

ຮ້ານຂາຍດອກໄມ້

el supermercado

ຊຸບເປີມາກເກັດ

el mercado

ຕະຫຼາດ

las grandes tiendas

ຫ້າງສັບພະສິນຄ້າ

la pescadería

ຮ້ານຂາຍປາ

el centro comercial

ສູນການຄ້າ

el puerto

ທ່າເຮືອ

la ciudad - ເມືອງ

el parque
ສວນສາທາລະນະ

el banco
ແປ້ນມ້າ

el puente
ຂົວ

las escaleras
ຂັ້ນໃດ

el subte
ລົດໄຟໃຕ້ດິນ

el túnel
ອຸໂມງ

la parada del colectivo
ປ້າຍລົດເມ

el bar
ຮ້ານຂາຍເຫຼົ້າ

el restaurante
ຮ້ານອາຫານ

el buzón
ຕູ້ໄປສະນີ

el letrero
ປ້າຍຊື່ຖະໜົນ

el parquímetro
ມິເຕີເກັບຄ່າຟາກລົດ

el zoológico
ສວນສັດ

la pileta
ສະລອຍນ້ຳ

la mezquita
ວັດມຸດສະລິມ

la granja

ຟາມ

la contaminación

ມົນລະພິດ

el cementerio

ສຸສານ

la iglesia

ໂບດ

los juegos infantiles

ເດີ່ນຫຼິ້ນຂອງເດັກນ້ອຍ

el templo

ວັດພຸດສະລິມ

el paisaje

ພູມິປະເທດ

la hoja
ໃບໄມ້

el poste indicador
ປ້າຍບອກທາງ

el camino
ທາງ

la pradera
ທີ່ງຫຍ້າ

la piedra
ກ້ອນຫິນ

el árbol
ຕົ້ນໄມ້

el excursionista
ນັກເດີນທາງໄກດ້ວຍກ່ານຍ່າງ

el río
ແມ່ນ້ຳ

la hierba
ຫຍ້າ

la flor
ດອກໄມ້

el valle

ຮ່ອມພູ

la montaña

ເນີນເຂົາ

el lago

ທະເລສາບ

el bosque

ປ່າ

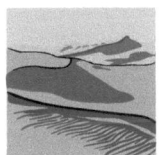

el desierto

ທະເລຊາຍ

el volcán

ພູເຂົາໄຟ

el castillo

ທີ່ປະສາດ

el arco iris

ຮຸ້ງກິນນ້ຳ

el champiñón

ເຫັດ

la palmera

ຕົ້ນປາມ

el mosquito

ຍຸງ

la mosca

ແມງວັນ

la hormiga

ມົດ

la abeja

ເຜິ້ງ

la araña

ແມງມຸມ

el escarabajo

ແມງປິກແຂງ

la rana

ກົບ

la ardilla

ກະຮອກ

el erizo

ເໝັ້ນ

la liebre

ກະຕ່າຍປ່າ

la lechuza

ນົກເຄົ້າ

el pájaro

ນົກ

el cisne

ຫົງ

el jabalí

ໝູປ່າຕົວຜູ້

el ciervo

ກວາງ

el alce

ກວາງໃຫຍ່

la presa

ເຂື່ອນ

el aerogenerador

ໝາກັນຫຼົມ

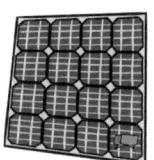

el panel solar

ແຜງໂຊລາເຊລ

el clima

ສະພາບອາກາດ

el mozo
ຄົນເສີບຂາຍ

el menú
ລາຍການອາຫານ

la silla
ຕັ່ງນັ່ງ

la sopa
ຊຸບ

la pizza
ພິສຊາ

los cubiertos
ເຄື່ອງໃຊ້ເທິງໂຕະອາຫານ

el mantel
ຜ້າປູໂຕະ

la entrada

ອາຫານເລີ່ມຕົ້ນ

el plato principal

ອາຫານຈານຫຼັກ

el postre

ຂອງຫວານ

las bebidas

ເຄື່ອງດື່ມ

la comida

ອາຫານ

la botella

ຂວດແກ້ວ

la comida rápida

ອາຫານຈານດ່ວນ

la comida callejera

ຮ້ານຂ້າງທາງ

la tetera

ເຕົ້ານ້ຳຊາ

la azucarera

ຖ້ວຍນ້ຳຕານ

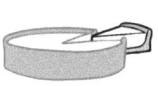

la porción

ສ່ວນແບ່ງອາຫານລຳລັບພື່ງຄືນ

la cafetera expreso

ເຄື່ອງຊົງກາເຟເອສເປຣສໂຊ

la sillita alta

ເກົ້າອີ້ສູງ

la cuenta

ໃບເກັບເງິນ

la bandeja

ຖາດ

el cuchillo

ມີດ

el tenedor

ສ້ອມ

la cuchara

ບ່ວງ

la cucharita

ຊ້ອນຊາ

la servilleta

ຜ້າເຊັດປາກຢູ່ໂຕະອາຫານ

el vaso

ຈອກແກ້ວ

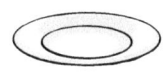

el plato

ຈານ

el plato hondo

ຈານຊຸບ

el plato

ຈານຮອງ

la salsa

ຊອສ

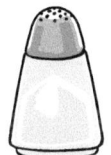

el salero

ກະປຸກເກືອ

el molinillo de pimienta

ກະປຸກພິກໄທ

el vinagre

ນ້ຳສົ້ມສາຍຊູ

el aceite

ນ້ຳມັນພືດ

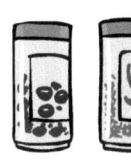

las especias

ເຄື່ອງເທດ

el kétchup

ຊອສໝາກເດັ່ນ

la mostaza

ຜັກຈ້ຳຫວາກຜັກກາດ

la mayonesa

ມາຍອນເນສ

el supermercado
ຊູບເປີມາກເກັດ

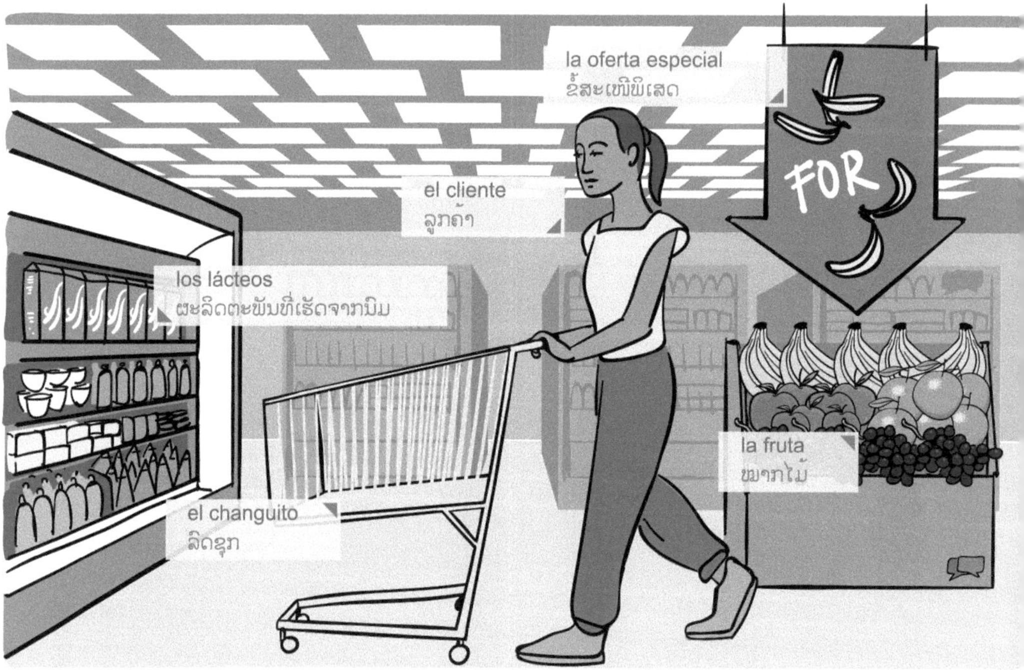

la oferta especial
ຂໍ້ສະເໜີພິເສດ
FOR
el cliente
ລູກຄ້າ
los lácteos
ຜະລິດຕະພັນທີ່ເຮັດຈາກນົມ
la fruta
ໝາກໄມ້
el changuito
ລົດຊຸກ

BUTCHERS

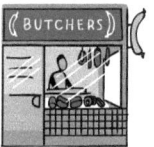

la carnicería

ຮ້ານຂາຍຊີ້ນ

BAKERY

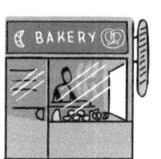

la panadería

ຮ້ານຂາຍເຂົ້າໜົມປັງ

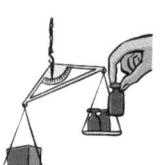

pesar

ຊັ່ງນ້ຳໜັກ

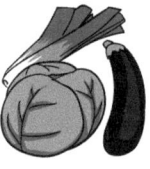

las verduras

ຜັກ

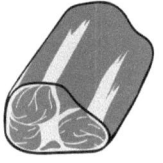

la carne

ຊີ້ນ

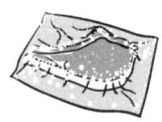

los alimentos congelados

ອາຫານແຊ່ແຂງ

los fiambres

ຊີ້ນເຢັນ

los alimentos enlatados

ອາຫານກະປ໋ອງ

el detergente en polvo

ແຝ່ບຊັກເຄື່ອງ

las golosinas

ເຂົ້າໜົມຫວານ

los electrodomésticos

ຜະລິດຕະພັນໃນຄົວເຮືອນ

los productos de limpieza

ຜະລິດຕະພັນທຳຄວາມສະອາດ

la vendedora

ພະນັກງານຂາຍຍິງ

la caja

ເຄື່ອງຄິດເງິນ

el cajero

ພະນັກງານເກັບເງິນ

la lista de compras

ລາຍການຊື້ເຄື່ອງ

el horario de atención

ເວລາເປີດເຣັດວຽກ

la billetera

ກະເປົາເງິນ

la tarjeta de crédito

ບັດເຄຣດິດ

la cartera

ຖົງ

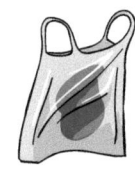

la bolsa de plástico

ຖົງຢາງ

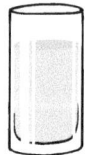

el agua

ນ້ຳ

el jugo

ນ້ຳໝາກໄມ້

la leche

ນົມ

la bebida cola

ໂຄກ

el vino

ວາຍ

la cerveza

ເບຍ

el alcohol

ເຫຼົ້າ

el cacao

ໂກໂກ້

el té

ຊາ

el café

ກາເຟ

el café expreso

ເອສເປຣສໂຊ

el cappuccino

ຄາປູຊິໂນ

la banana

ໝາກກ້ວຍ

la manzana

ແອັບເປິ້ນ

la naranja

ໝາກກ້ຽງ

el melón

ໝາກໂມ

el limón

ໝາກນາວ

la zanahoria

ທິວກະຣິດ

el ajo

ຜັກທຽມ

el bambú

ຕົ້ນໄຜ່

la cebolla

ທ່ອມບົ່ວ

el champiñón

ເຫັດ

las nueces

ຖົ່ວ

los fideos

ເສັ້ນໝີ່

los tallarines

ສະປາແກັດຕີ້

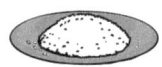

el arroz

ເຂົ້າ

la ensalada

ສະຫຼັດ

las papas fritas

ມັນຝຣັ່ງທອດ

las papas fritas

ມັນຝຣັ່ງທອດ

la pizza

ພິສຊາ

la hamburguesa

ແຮມເບີເກີ

el sándwich

ແຊນວິດຈ໌

el churrasco

ຊີ້ນຕິດກະດູກ

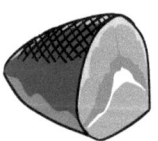

el jamón

ແຮມ

el salame

ໄສ້ກອກແຫ້ງຊາລາມີ

la salchicha

ໄສ້ກອກ

el pollo

ໄກ່

el asado

ຍ່າງ

el pescado

ປາ

la comida - ອາຫານ

los copos de avena

ເຂົ້າປຸກເຂົ້າໂອດ

el muesli

ອາຫານຂະນົດເປັນເມັດກອບ

los copos de maíz

ເຂົ້າຂຽບເປັນປ່ຽງນ້ອຍໆ

la harina

ເຂົ້າແປ້ງ

la medialuna

ເຂົ້າຈີ່ຂະນົດຫນຶ່ງມີຮູບເດືອນເຖົ່າ
ຫວຍ

el pancito

ເຂົ້າຫນົມປັ້ງແບບມ້ວນ

el pan

ເຂົ້າຫນົມປັ້ງ

la tostada

ເຂົ້າຫນົມປັ້ງປິ້ງ

las galletitas

ເຂົ້າຫນົມປັ້ງຂະນົດກ້ອນນ້ອຍ

la manteca

ເນີຍ

la cuajada

ນ້ຳນົມແຂບ

la torta

ເຄກ

el huevo

ໄຂ່

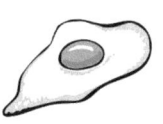

el huevo frito

ໄຂ່ດາວ

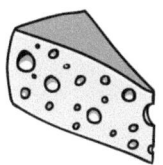

el queso

ເນີຍແຂງ

el helado

ກະແລ້ມ

el azúcar

ນ້ຳຕານ

la miel

ນ້ຳເຜີ້ງ

la mermelada

ແຍມ

la pasta de chocolate

ຊ໌ອກໂກແລັດຄຣີມສະເປຣດ

el curry

ກະລີ່

la granja
ຟາມ

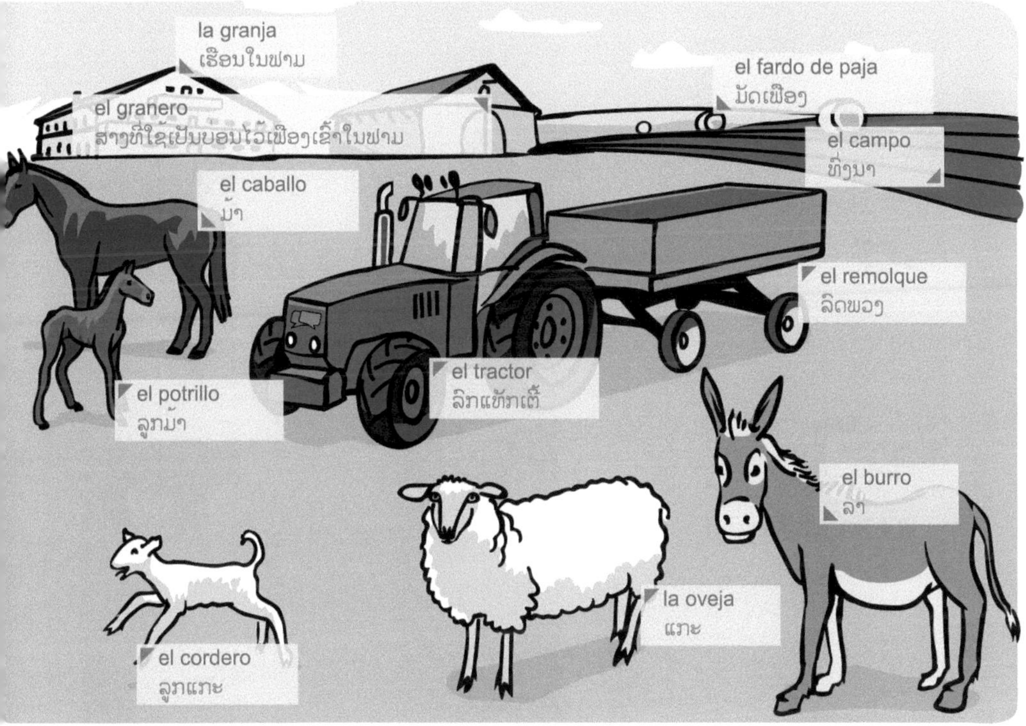

la granja
ເຮືອນໃນຟາມ
el fardo de paja
ມັດເຟືອງ
el granero
ສາງທີ່ໃຊ້ເປັນບ່ອນໄວ້ເຟືອງເຂົ້າໃນຟາມ
el campo
ທົ່ງນາ
el caballo
ມ້າ
el remolque
ລົດພວງ
el tractor
ລົດແທັກເຕີ້
el potrillo
ລູກມ້າ
el burro
ລາ
la oveja
ແກະ
el cordero
ລູກແກະ

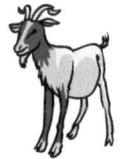

la cabra
ແກະ

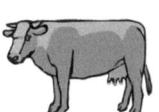

la vaca
ງົວຕົວແມ່

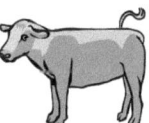

el ternero
ລູກງົວ

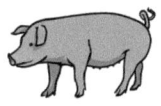

el cerdo
ໝູ

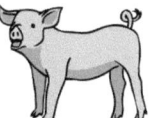

el lechón
ລູກໝູ

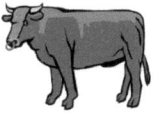

el toro
ງົວຕົວຜູ້

el ganso

ຫ່ານ

el pato

ເປັດ

el pollo

ລູກໄກ່

la gallina

ແມ່ໄກ່

el gallo

ໄກ່ຜູ້

la rata

ຫນູ

el gato

ແມວ

el ratón

ຫນູ

el buey

ງົວຕົວຜູ້

el perro

ຫມາ

la cucha

ຄອກຫມາ

la manguera

ສາຍທໍ່ຢາງທີ່ໃຊ້ໃນສວນ

la regadera

ຂຶ້ວຫົດຕົ້ນໄມ້

la guadaña

ກ່ຽວດ້າມຍາວ

el arado

ຄັນໄຖ

28   la granja - ຟາມ

la hoz

ກ່ຽວ

la azada

ຈົກ

la horquilla

ຄາດ

el hacha

ຂວານ

la carretilla

ລົດຍູ້ລໍ້ດຽວ

el abrevadero

ທາງລິນ

la lechera

ປ່ອງນົມ

la bolsa

ກະສອບ

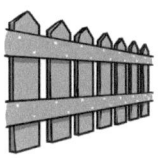

la reja

ຮົ້ວ

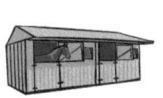

el establo

ຄອກມ້າ

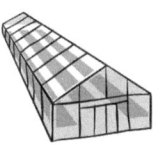

el invernadero

ເຮືອນກະຈົກ

el suelo

ດິນ

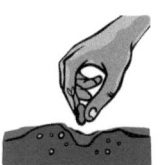

la semilla

ແກ່ນ

el fertilizador

ປຸ໋ຍ

la cosechadora

ເຄື່ອງກ່ຽວເຂົ້າ

cosechar

ເກັບກ່ຽວ

la cosecha

ການເກັບກ່ຽວ

las batatas

ເຜືອກ

el trigo

ເຂົ້າສາລີ

la soja

ຖົ່ວເຫຼືອງ

la papa

ມັນຝຣັ່ງ

el maíz

ເຂົ້າໂພດ

la semilla de colza

ດອກເຣພຊິດ

el árbol frutal

ຕົ້ນໄມ້ທີ່ອອກໝາກ

la mandioca

ມັນຕົ້ນ

los cereales

ພືດຊະນິດເມັດ

la casa
ເຮືອນ

la chimenea
ປ່ອງຄວັນໄຟ
el techo
ຫຼັງຄາ
el caño de desagüe
ທໍ່ລະບາຍນ້ຳ
la ventana
ໜ້າຕ່າງ
el garaje
ບ່ອນໄວ້ລົດ
el timbre
ກະດິ່ງປະຕູ
la puerta
ປະຕູ
el tacho de basura
ຖັງຂີ້ເຫຍື້ອ
el buzón
ກ່ອງຈົດໝາຍ
el jardín
ສວນ

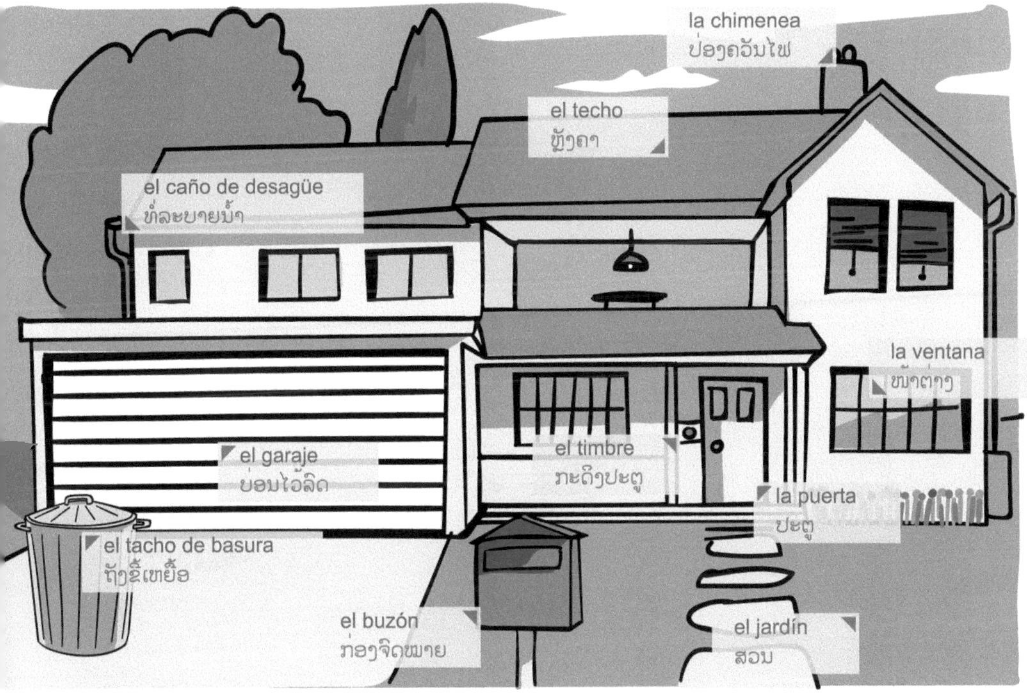

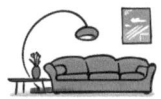

el living

ຫ້ອງຮັບແຂກ

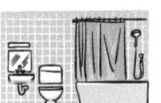

el baño

ຫ້ອງນ້ຳ

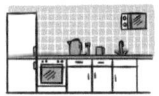

la cocina

ຫ້ອງຄົວ

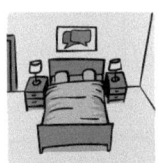

el dormitorio

ຫ້ອງນອນ

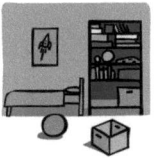

el cuarto de los chicos

ຫ້ອງພັກສຳລັບເດັກນ້ອຍ

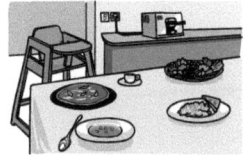

el comedor

ຫ້ອງອາຫານ

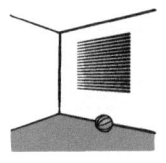

el piso

ພື້ນ

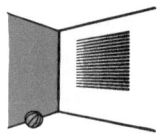

la pared

ຝາຜະໜັງ

el cielorraso

ເພດານ

el sótano

ຫ້ອງເກັບເຄື່ອງໃຕ້ດິນ

el sauna

ຫ້ອງອົບອາຍນ້ຳ

el balcón

ລະບຽງ

la terraza

ຊັ້ນດາດຊາງພູ

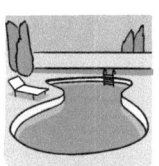

la pileta

ສະລອຍນ້ຳ

la cortadora de pasto

ເຄື່ອງຕັດຫຍ້າ

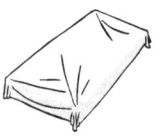

la sábana

ຜ້າປູບ່ອມນອນ

el acolchado

ຜ້າຫູຕຽງ

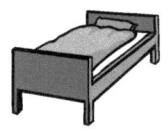

la cama

ຕຽງ

la escoba

ຟອຍ

el balde

ຖຸ

el interruptor

ສະວິດ

el living
ຫອງຮັບແຂກ

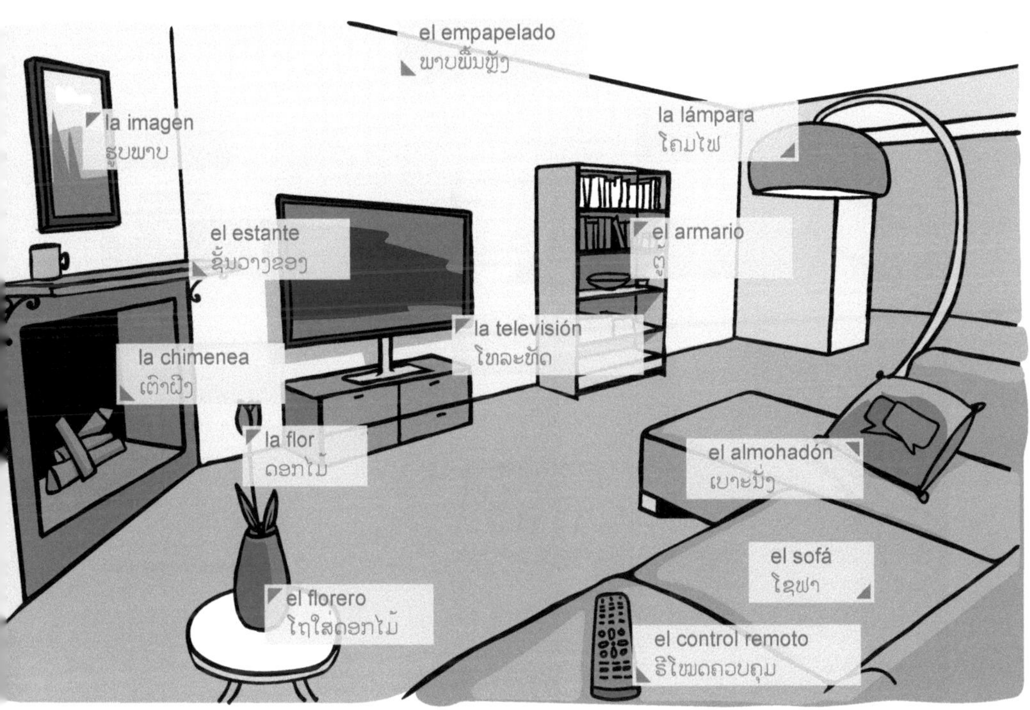
el empapelado
ພາບພື້ນຫຼັງ
la imagen
ຮູບພາບ
la lámpara
ໂຄມໄຟ
el estante
ຊັ້ນວາງຂອງ
el armario
ຕູ້
la televisión
ໂທລະທັດ
la chimenea
ເຕົາຜີງ
la flor
ດອກໄມ້
el almohadón
ເບາະນັ່ງ
el sofá
ໂຊຟາ
el florero
ໂຖໃສ່ດອກໄມ້
el control remoto
ຣີໂໝດຄວບຄຸມ

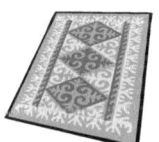

la alfombra
ພົມປູພື້ນ

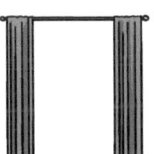

la cortina
ຜ້າກັ້ງ

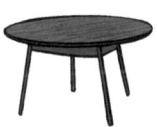

la mesa
ໂຕະ

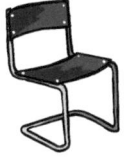

la silla
ຕັ່ງນັ່ງ

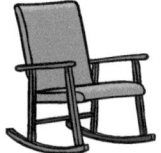

la mecedora
ຕັ່ງນັ່ງແບບໂຍກໄດ້

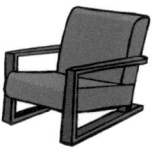

el sillón
ຕັ່ງນັ່ງທີ່ມີບ່ອນວາງແຂນ

el libro

ໜັງສື

la frazada

ຜ້າຫົ່ມ

la decoración

ຂອງຕິກແຕ່ງ

la leña

ຟືນ

la película

ຮູບເງົາ

el equipo de música

ເຄື່ອງສຽງລະບົບໄຮໄຟ

la llave

ກະແຈ

el diario

ໜັງສືພິມ

la pintura

ການແຕ້ມຮູບ

el póster

ໂປສເຕີ

la radio

ວິທະຍຸ

el cuaderno

ແຜ່ນບັນທຶກ

la aspiradora

ເຄື່ອງດູດຝຸ່ນ

el cactus

ຕົ້ນກະບອງເພັດ

la vela

ທຽນໄຂ

la cocina
ຫ້ອງຄົວ

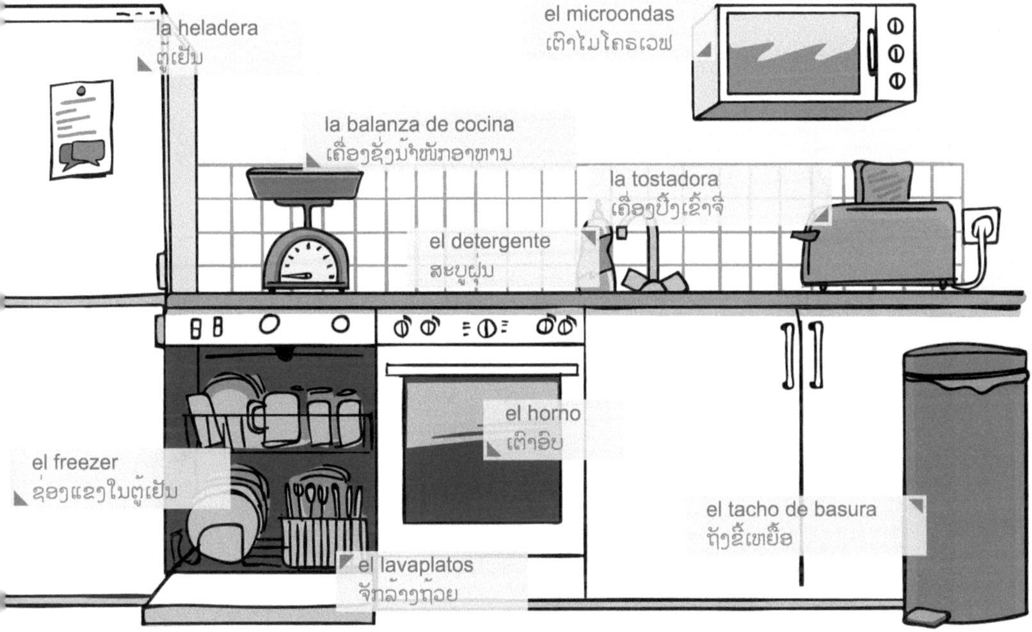
la heladera
ຕູ້ເຢັນ
el microondas
ເຕົາໄມໂຄຣເວຟ
la balanza de cocina
ເຄື່ອງຊັ່ງນ້ຳໜັກອາຫານ
la tostadora
ເຄື່ອງປີ້ງເຂົ້າຈີ່
el detergente
ສະບູຝຸ່ນ
el horno
ເຕົາອົບ
el freezer
ຊ່ອງແຂງໃນຕູ້ເຢັນ
el tacho de basura
ຖັງຂີ້ເຫຍື້ອ
el lavaplatos
ຈັກລ້າງຖ້ວຍ

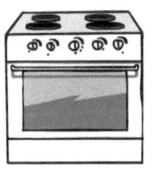

la cocina
ໝໍ້ຕົ້ມ

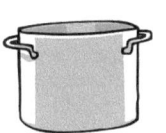

la olla
ໝໍ້

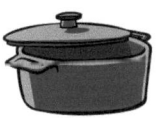

la olla de hierro fundido
ໝໍ້ເຫຼັກຫຼໍ່

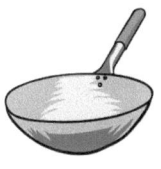

el wok
ໝໍ້ກະທະຈີນ

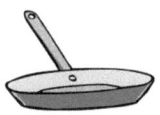

la sartén
ໝໍ້ກະທະກົ້ນແບນ

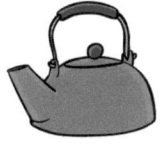

la pava
ກາຕົ້ມນ້ຳ

la vaporera

ຫມໍ້ໂອມ້າ

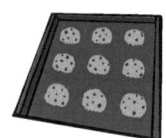

la bandeja de horno

ຖາດອົບ

la vajilla

ເຄື່ອງຖ້ວຍຊາມ

la taza

ຈອກຫີນ

el bol

ຖ້ວຍ

los palitos

ໄມ້ທູ່

el cucharón

ຈອງດ້າມຍາວ

la espátula

ຕະຫຼີວ

la batidora

ເຄື່ອງຕີໄຂ່

el colador

ກະຊອນ

el colador

ເຄື່ອງຮ່ອນ

el rallador

ເຜ້ຕກຂູດ

el mortero

ຄົກ

la parrilla

ບາບິຄິວ

la fogata

ແຄມໄຟຟຶກ້າວອນ

la tabla de picar
ຂຽງ

el palo de amasar
ໄມ້ນວດແປ້ງ

el sacacorchos
ເຫຼັກໄຂດອນແກ້ວ

la lata
ກະປ໋ອງ

el abrelatas
ເຄື່ອງເປີດກະປ໋ອງ

la manopla
ຖົງມືຈັບຂອງຮ້ອນ

la pileta
ອ່າງລ້າງຈານ

el cepillo
ແປງ

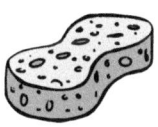

la esponja
ຟອງນ້ຳ

la batidora
ເຄື່ອງປັ່ນ

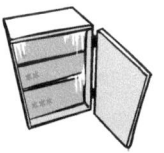

el congelador
ຕູ້ແຊແຂງ

la mamadera
ຂວດນົມ

la canilla
ກ໊ອກນ້ຳ

el baño

ຫ້ອງນ້ຳ

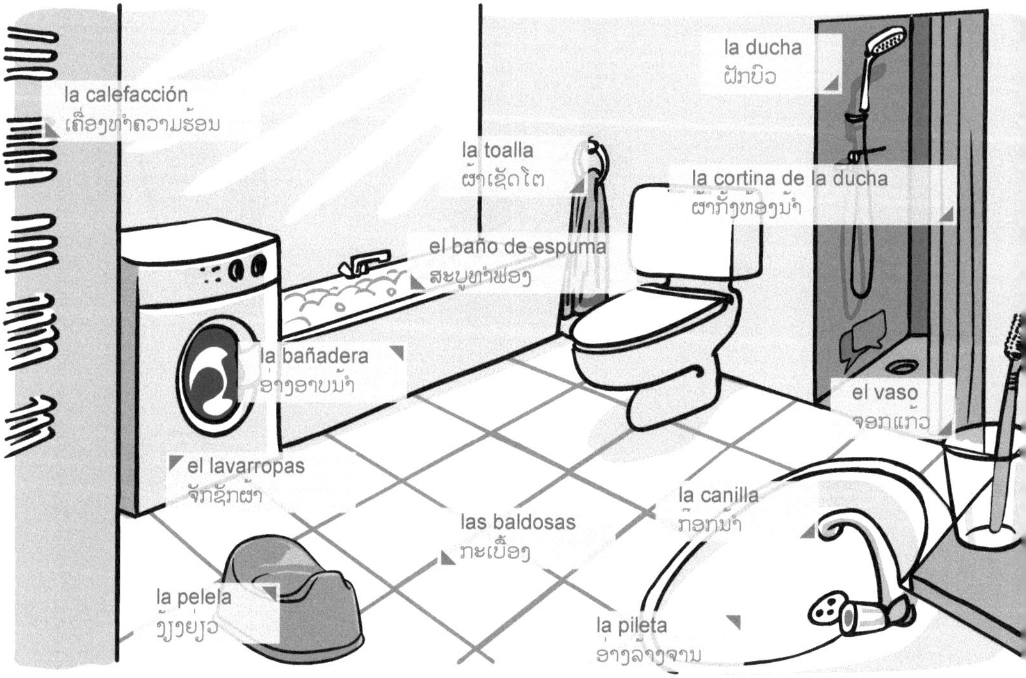

la ducha
ຝັກບົວ
la calefacción
ເຄື່ອງທຳຄວາມຮ້ອນ
la toalla
ຜ້າເຊັດໂຕ
la cortina de la ducha
ຜ້າກັ້ງຫ້ອງນ້ຳ
el baño de espuma
ສະບູທຳຟອງ
la bañadera
ອ່າງອາບນ້ຳ
el vaso
ຈອກແກ້ວ
el lavarropas
ຈັກຊັກຜ້າ
la canilla
ກ໊ອກນ້ຳ
las baldosas
ກະເບື້ອງ
la pelela
ງັຽງຍ່ຽວ
la pileta
ອ່າງລ້າງຈານ

el inodoro

ຫ້ອງສ້ວມ

la letrina

ໂຖສ້ວມແບບນັ່ງຍອງ

el bidé

ໂຖຍ່ຽວຂອງຜູ້ຍິງ

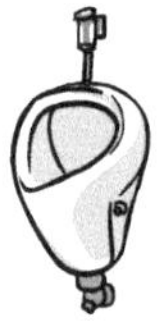

el mingitorio

ໂຖຍ່ຽວຂອງຜູ້ຊາຍ

el papel higiénico

ກະດາດຊຳລະທີ່ໃຊ້ໃນຫ້ອງນ້ຳ

el cepillo para el inodoro

ແປງຂັດຫ້ອງນ້ຳ

el cepillo de dientes
ແປງສີຟັນ

el dentífrico
ຍາສີຟັນ

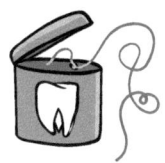

el hilo dental
ໄໝຂັດແຂ້ວ

lavar
ລ້າງ

la ducha de mano
ຝັກບົວອາບນ້ຳທີ່ໃຊ້ມືຈັບ

la ducha higiénica
ເຄື່ອງສີດລ້າງ

la palangana
ອ່າງລ້າງໜ້າ

el cepillo para la espalda
ແປງຖູຫັວ

el jabón
ສະບູ

el gel de ducha
ເຈລອາບນ້ຳ

el shampoo
ແຊມພູ

la toallita
ຜ້າຖູໂຕນ້ອຍ

el desagüe
ທໍ່ລະບາຍນ້ຳເສຍ

la crema
ຄີມ

el desodorante
ຍາດັບກິ່ນ

el espejo

ແວ່ນແຍງ

el espejito

ແວ່ນມືຖື

la maquinita de afeitar

ມີດແຖຂວດ

la espuma de afeitar

ໂຟມແຖຂວດ

el aftershave

ໂລຊັ່ນບຳລຸຜິວຫຼັງແຖຂວດ

el peine

ຫວີ

el cepillo

ແປງ

el secador de pelo

ຈັກເປົ່າຜົມ

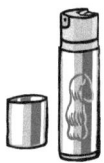

el spray

ສະເປຂີດຜົມ

el maquillaje

ຊຸດເຄື່ອງສຳອາງ

el lápiz de labios

ລິບສະຕິກທາສົບ

el esmalte para uñas

ນ້ຳຢາທາເລັບ

el algodón

ສຳລີ

la tijera para uñas

ມີດຕັດເລັບ

el perfume

ນ້ຳຫອມ

el baño - ຫ້ອງນ້ຳ

el portacosméticos

ກະເປົາອາບນ້ຳ

la banqueta

ຕັ່ງສາມຂາ

la balanza

ເຄື່ອງຊັ່ງນ້ຳໜັກ

la bata

ເສື້ອຄຸມອາບນ້ຳ

los guantes de goma

ຖົງມືຢາງ

el tampón

ຜ້າອະນາໄມແບບສອດ

la toallita femenina

ຜ້າອະນາໄມ

el baño químico

ຫ້ອງນ້ຳເຄມີ

el cuarto de los chicos
ຫອງພັກສຳລັບເດັກນອຍ

el despertador
ໂມງປຸກ
el peluche
ຂອງຫຼິ້ນທີ່ໜ້າຮັກ
el coche de juguete
ລົດຂອງຫຼິ້ນ
el sonajero
ເຄື່ອງຫຼິ້ນເດັກນ້ອຍທີ່ສັ່ນດັງແຊັກໆ
la casa de muñecas
ບ້ານຕຸກກະຕາ
el regalo
ຂອງຂວັນ

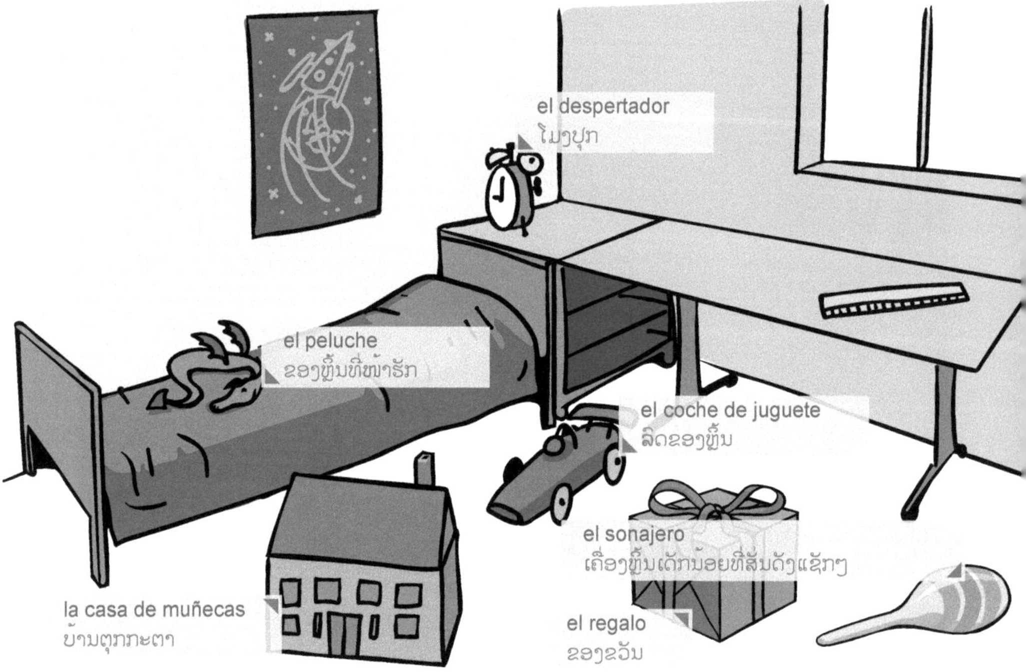

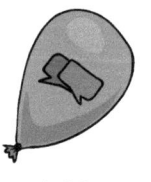

el globo
ໝາກປຸມເປົ້າ

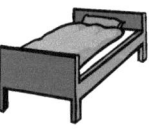

la cama
ຕຽງ

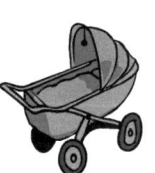

el cochecito
ລົດຍູ້ເດັກ

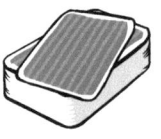

las cartas
ຊຸມໄພ້

el rompecabezas
ຈິກຊໍ

SUPER
MEGA

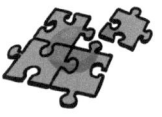

la historieta
ໜັງສືກາຕູນ

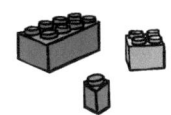

las piezas de lego
ຕິວຕໍ່ເລໂກ້

los ladrillos de juguete
ບລ໋ອກຂອງຫຼິ້ນ

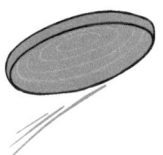

la figura de acción
ຮູບປັ້ນທີ່ເຄື່ອນໄຫວໄດ້

el enterito (de bebé)
ເສື້ອຜ້າເດັກເກີດໃໝ່

el frisbee
ຈານບິນ

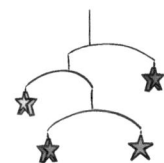

el móvil para bebés
ສິ່ງທີ່ແກວ່ງໄປມາແຂວນຢູ່ເທິງທິວຫົວ
ຕຽງເດັກນ້ອຍ

el juego de mesa
ເກມກະດານ

los dados
ໝາກກະລ໋ອກ

el tren eléctrico
ຂຸດລົດໄຟຈຳລອງ

el chupete
ຮູບຫຸນ

la fiesta
ງານລ້ຽງ

el libro de cuentos ilustrado
ໜັງສືພາບ

la pelota
ໝາກບານ

la muñeca
ຕຸກກະຕາ

jugar
ຫຼິ້ນ

el arenero

ຊຸດຄົມຊາຍສຳລັບເດັກນ້ອຍຫຼີ້ນ

la hamaca

ຊິງຊ້າ

los juguetes

ຂອງຫຼີ້ນ

la consola de videojuegos

ເຄື່ອງຫຼີ້ນວີດີໂອເກມ

el triciclo

ລົດຖີບສາມລໍ້

el osito de peluche

ຕຸກກະຕາໝີ

el armario

ຕູ້ເສື້ອຜ້າ

la ropa

ເສື້ອຜ້າ

las medias

ລອງເທົ້າ

las medias panty

ຖົງເທົ້າຍາວຜູ້ຍິງ

las calzas

ໂສ້ງຢືດແບບເນື້ອ

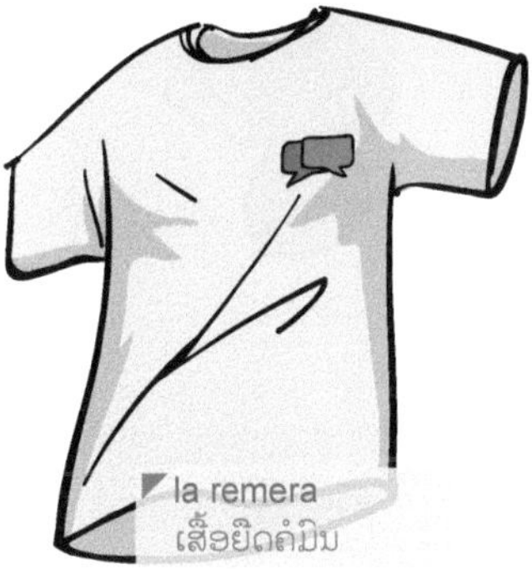

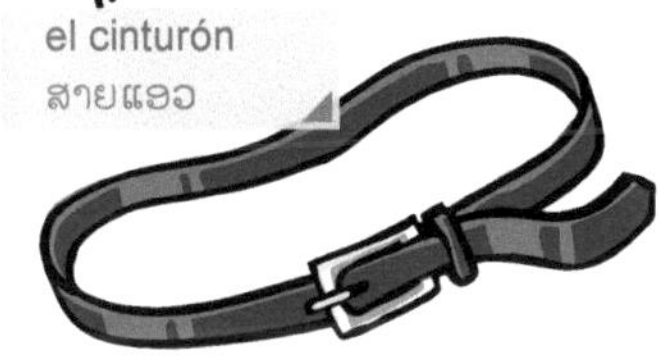

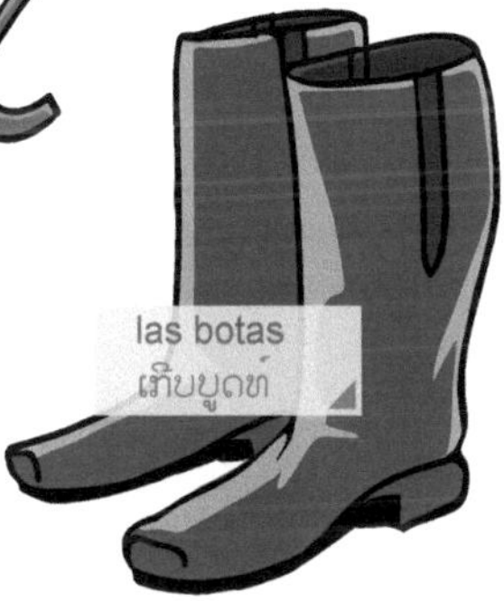

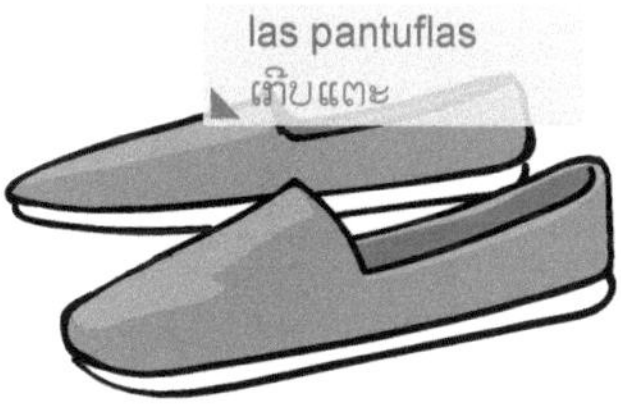

la bufanda
ຜ້າພັນຄໍ

el cinturón
ສາຍແອວ

el paraguas
ຄັນຄົ້ມ

la remera
ເສື້ອຍືດຄໍມົນ

las botas
ເກີບບູດ

las pantuflas
ເກີບແຕະ

las zapatillas
ເກີບກິລາ

las sandalias
ເກີບຮັດດາມ

los zapatos
ເກີບ

las botas de goma
ເກີບບູດທ່ຍາງ

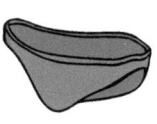

la ropa interior
ໃສ້ງຂ້ອມໃນ

el corpiño
ເສື້ອຂ້ອມໃນ

el chaleco
ເສື້ອກ້າມ

el body
ເສື້ອຮັດທຸ່ມ

los pantalones
ໂສ້ງຂາຍາວ

los jeans
ໂສ້ງຍີນ

la pollera
ກະໂປ່ງ

la blusa
ເສື້ອຜູ້ຍິງ

la camisa
ເສື້ອເຊິດ

el pulóver
ເສື້ອກັນຂາວ

el buzo
ເສື້ອຄຸມມີໜວກ

el blazer
ເສື້ອໃຫຍ່ທີ່ຕິດກາໂຮງງານຫຼືກາທີ່ມກິລາ

la campera
ເສື້ອແຈັກເກັ໊ດ

el tapado
ເສື້ອນອກ

el piloto
ເສື້ອກັນຝົນ

el traje
ເຄື່ອງແຕ່ງກາຍ

el vestido
ກະໂປ່ງ

el vestido de novia
ຊຸດແຕ່ງງານ

el traje
ເສື້ອສູດ

el camisón
ຊຸດລາຕີ

el pijama
ຊຸດນອນ

el sari
ຊຸດຊາຣີ

el pañuelo para la cabeza
ຜ້າຄຸມຫົວ

el turbante
ຜ້າພັນຫົວ

la burka
ເສື້ອບຸຣຸເກາະ

el caftán
ເສື້ອຄຸມຄາຟຕານ

la abaya
ເສື້ອຄຸມອາບາຢາ

el traje de baño
ຊຸດລອຍນ້ຳ

el short de baño
ໂສ້ງໃສ່ລອຍນ້ຳ

los shorts
ໂສ້ງຂາສັ້ນ

el jogging
ຊຸດວອມ

el delantal
ຜ້າກັນເປື້ອນ

los guantes
ຖົງມື

el botón

ກະດຸມ

los anteojos

ແອ່ນຕາ

la pulsera

ປອກແຂນ

el collar

ສ້ອຍຄໍ

el anillo

ແຫວນ

el aro

ຕຸ້ມຫູ

la gorra

ໝວກແກ໊ບ

la percha

ກັງແຂວນເສື້ອນອກ

el sombrero

ໝວກ

la corbata

ກາລະຫວັດ

el cierre

ຊິບ

el casco

ໝວກກັນກະທົບ

los tiradores

ສາຍໂຍງໂສ້ງ

el uniforme escolar

ຊຸດນັກຮຽນ

el uniforme

ເຄື່ອງແບບ

el babero
ຜ້າກັນເປື້ອນເດັກ

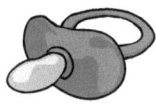

el chupete
ຫູບທຸ່ມ

el pañal
ຜ້າອ້ອມ

la oficina
ຫ້ອງການ

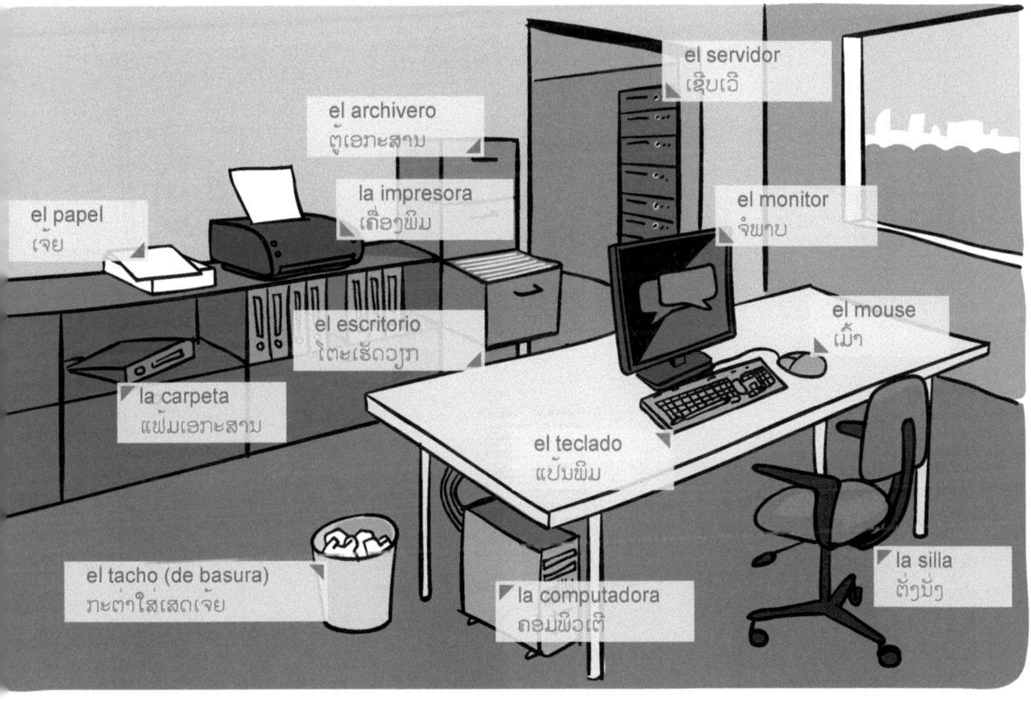

el servidor
ເຊີບເວີ

el archivero
ຕູ້ເອກະສານ

la impresora
ເຄື່ອງພິມ

el monitor
ຈໍພາບ

el papel
ເຈ້ຍ

el escritorio
ໂຕະເຮັດວຽກ

el mouse
ເມົ້າ

la carpeta
ແຟ້ມເອກະສານ

el teclado
ແປ້ນພິມ

la silla
ຕັ່ງນັ່ງ

el tacho (de basura)
ກະຕ່າໃສ່ເສດເຈ້ຍ

la computadora
ຄອມພິວເຕີ

la taza de café
ຈອກທີມໃສ່ກາເຟ

la calculadora
ເຄື່ອງຄິດເລກ

el internet
ອິນເຕີເນັດ

la laptop

ຄອມພິວເຕີແລັບທັອບ

la carta

ຈົດໝາຍ

el mensaje

ຂໍ້ຄວາມ

el celular

ໂທລະສັບມືຖື

la red

ເຄືອຂ່າຍ

la fotocopiadora

ເຄື່ອງຖ່າຍເອກະສານ

el software

ຊອບແວ

el teléfono

ໂທລະສັບ

el tomacorriente

ປັກໄຟ

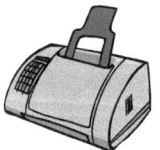

el fax

ເຄື່ອງແຟັກ

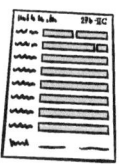

el formulario

ແບບຟອມ

el documento

ເອກະສານ

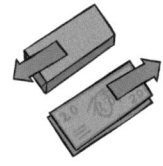

comprar

ຊື້

pagar

ຈ່າຍ

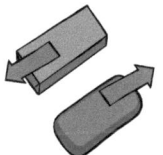

hacer negocios

ຄ້າຂາຍ

el dinero

ເງິນ

el dólar

ເງິນດອນລາ

el euro

ເງິນຢູໂຣ

el yen

ເງິນເຢນ

el rublo

ເງິນຣູເບີ້ລ

el franco suizo

ເງິນຟຣັ່ງສະວິດ

el yuan

ເງິນຢວນເຮັນໜົບປີ້

la rupia

ເງິນຣູປີ

el cajero automático

ເຄື່ອງສຳລັບກົດເງິນສົດຈາກທະນ
າຄານ

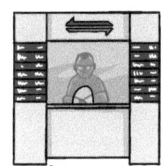

la casa de cambio

ບ່ອນແລກປ່ຽນເງິນຕາ

el oro

ທອງຄຳ

la plata

ເງິນ

el petróleo

ນ້ຳມັນ

la energía

ພະລັງງານ

el precio

ລາຄາ

el contrato

ສັນຍາ

el impuesto

ພາສີ

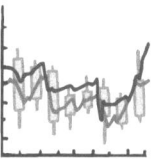

la acción

ຫຸ້ນ

trabajar

ເຮັດວຽກ

el empleado

ລູກຈ້າງ

el empleador

ນາຍຈ້າງ

la fábrica

ໂຮງງານ

el negocio

ຮ້ານຄ້າ

las ocupaciones

ອາຊີບ

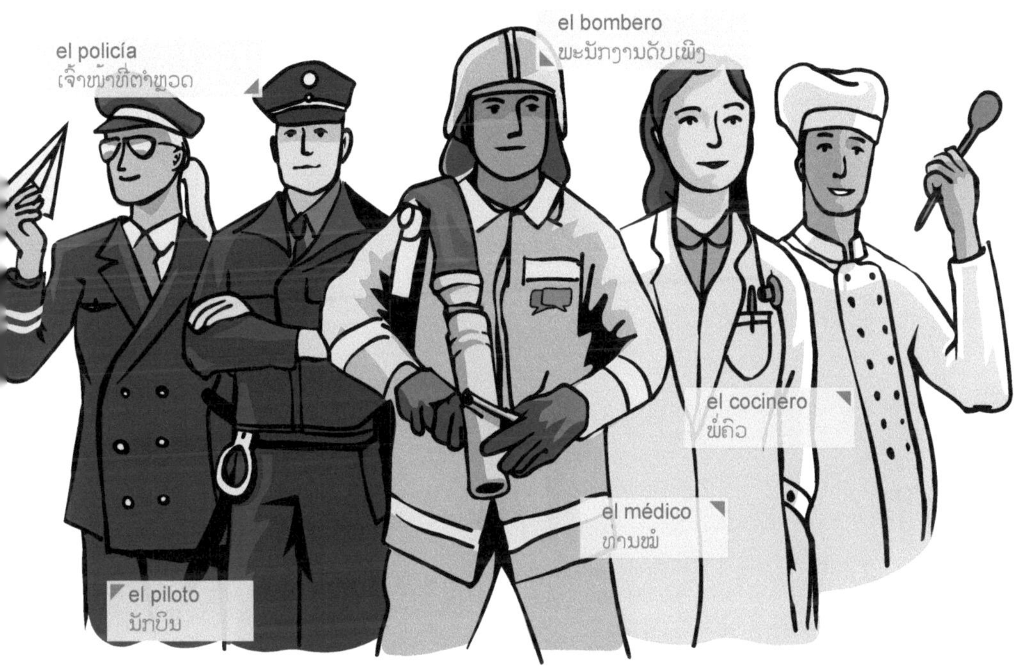
el policía
ເຈົ້າໜ້າທີ່ຕຳຫຼວດ
el bombero
ພະນັກງານດັບເພີງ
el cocinero
ພໍ່ຄົວ
el médico
ທ່ານໝໍ
el piloto
ນັກບິນ

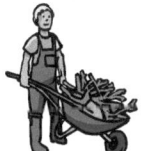

el jardinero

ຊາວສວນ

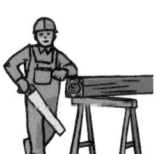

el carpintero

ຊ່າງໄມ້

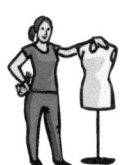

la modista

ຊ່າງຫຍິບຜ້າທີ່ເປັນຜູ້ຍິງ

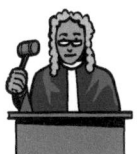

el juez

ຜູ້ພິພາກສາ

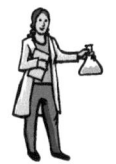

el farmacéutico

ນັກເຄມີ

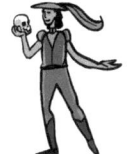

el actor

ນັກສະແດງຊາຍ

el colectivero

ຄົນຂັບລົດເມປະຈຳທາງ

el taxista

ຄົນຂັບແທັກຊີ

el pescador

ຊາວປະມົງ

la mucama

ແມ່ບ້ານທຳຄວາມສະອາດ

el techista

ຊ່າງມຸງຫຼັງຄາ

el mozo

ຄົນເສີບຂາຍ

el cazador

ນາຍພານ

el pintor

ຊ່າງທາສີ

el panadero

ຄົນເຮັດເຂົ້າໜົມປັ໋ງ

el electricista

ຊ່າງໄຟຟ້າ

el albañil

ຊ່າງກໍ່ສ້າງ

el ingeniero

ວິສະວິກອນ

el carnicero

ຄົນຂາຍຊີ້ນ

el plomero

ຊ່າງນ້ຳປະປາ

el cartero

ບູລຸດໄປສະນີ

el soldado

ທະຫານ

el arquitecto

ສະຖາປະນິກ

el cajero

ພະນັກງານເກັບເງິນ

el florista

ຄົນຂາຍດອກໄມ້

el peluquero

ຊ່າງແຕ່ງຜົມ

el cobrador

ພະນັກງານທວງບີ້ລົດ

el mecánico

ຊ່າງສ້ອມລົດຍົນ

el capitán

ຜູ້ບັງຄັບການ

el dentista

ທັນຕະແພດ

el científico

ນັກວິທະຍາສາດ

el rabino

ພະໃນສາສະໜາຢິວ

el imán

ຜູ້ນຳຊາວມຸສລິມ

el monje

ຄູບາ

el sacerdote

ນັກບວດ

las herramientas
ເຄື່ອງມື

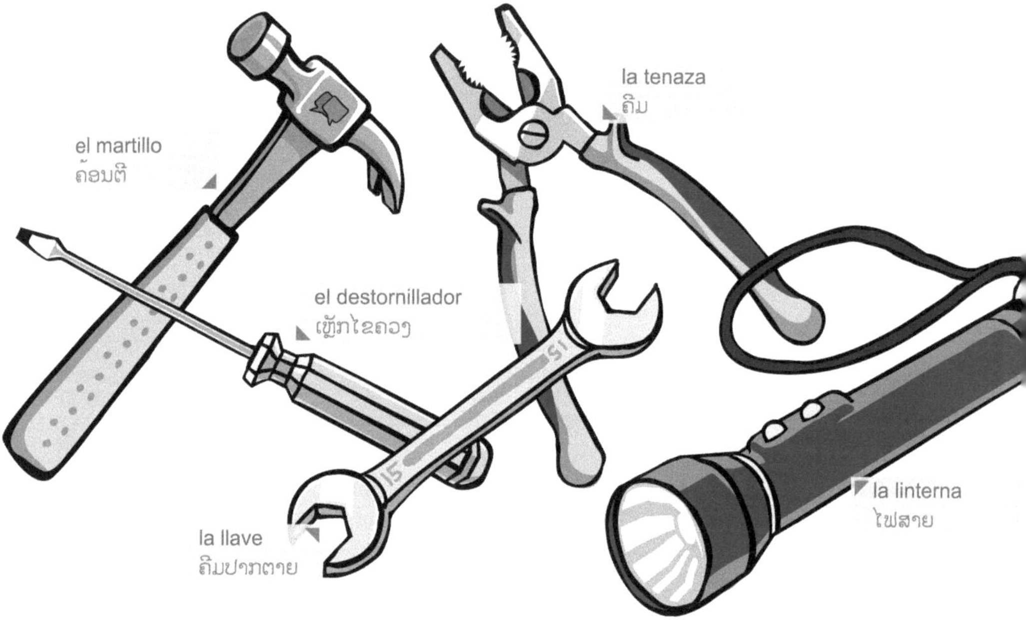
la tenaza
ຄີມ
el martillo
ຄ້ອນຕີ
el destornillador
ເຫຼັກໄຂຄວງ
la llave
ຄີມປາກຕາຍ
la linterna
ໄຟສາຍ

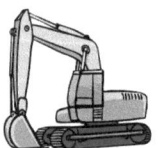

la excavadora

ເຄື່ອງຂູດ

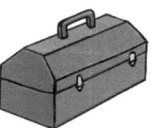

la caja de herramientas

ກັບເຄື່ອງມື

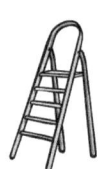

la escalera portátil

ຂັ້ນໄດ

la sierra

ເລື່ອຍ

los clavos

ຕະປູ

el taladro

ເຫຼັກຊີ

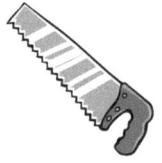

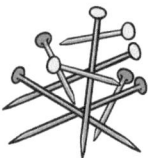

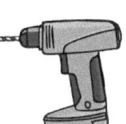

arreglar

ສ້ອມແປງ

la pala de jardín

ຊ້ວານ

¡Qué bronca!

ຕາຍຫ່າ!

la pala de plástico

ຂອງຊ້ວານຂີ້ເຫຍື້ອ

el tacho de pintura

ທັງສີ

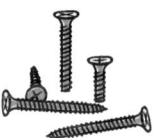

los tornillos

ຕະປູກຽວ

los instrumentos musicales
ເຄື່ອງດົນຕິ

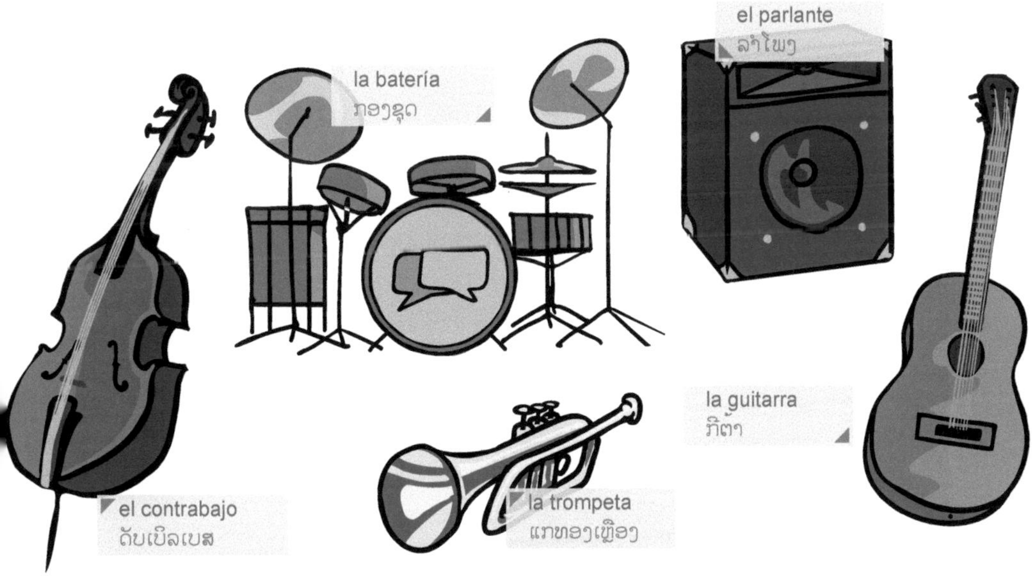

el parlante
ລຳໂພງ

la batería
ກອງຊຸດ

la guitarra
ກີຕ້າ

el contrabajo
ດັບເບິລເບສ

la trompeta
ແກທອງ(ຫຼືອງ)

el piano

ເປຍໂນ

el violín

ໄວໂອລິນ

el bajo

ເບສ

los timbales

ກອງທິມປານີ

el tambor

ກອງຊຸດ

el teclado

ຄີບອດ

el saxofón

ແຊັກໂຊໂຟນ

la flauta

ຂຸຍ

el micrófono

ໄມໂຄຣໂຟນ

el zoológico

ສວນສັດ

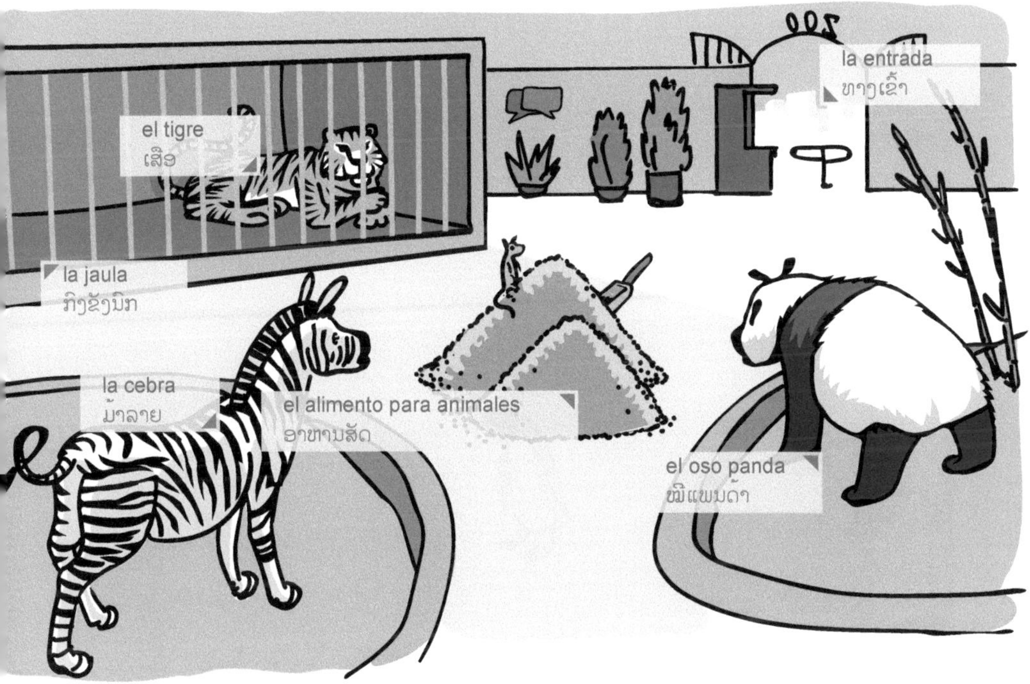

la entrada
ທາງເຂົ້າ
el tigre
ເສືອ
la jaula
ກົງຂັງນົກ
la cebra
ມ້າລາຍ
el alimento para animales
ອາຫານສັດ
el oso panda
ໝີແພນດ້າ

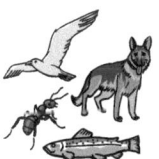

los animales

ສັດ

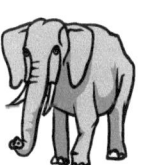

el elefante

ຊ້າງ

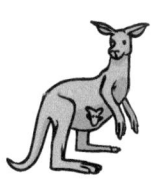

el canguro

ກັງກາຣູ

el rinoceronte

ແຮດ

el gorila

ລີງໂທນໃຫຍ່

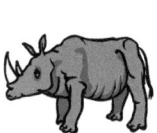

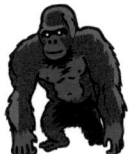

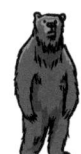

el oso

ໝີ

el camello

ອູດ

el avestruz

ນົກກະຈອກເທດ

el león

ສິງໂຕ

el mono

ລິງ

el flamenco

ນົກຟລາມິງໂກ

el loro

ນົກແກ້ວ

el oso polar

ໝີຂົ້ວໂລກ

el pingüino

ນົກເພັນກວິນ

el tiburón

ປາສະຫຼາມ

el pavo real

ນົກຍູງ

la serpiente

ງູ

el cocodrilo

ແຂ້

el cuidador del zoológico

ຜູ້ເບິ່ງແຍງສວນສັດ

la foca

ແມວນ້ຳ

el jaguar

ເສືອຈາກົວ

el poni
ມ້ພັນນ້ອຍ

el leopardo
ເສືອດາວ

el hipopótamo
ຮິບໂປ

la jirafa
ໂຕຈິຣາຟ

el águila
ໜງວ

el jabalí
ໝູປ່າຕົວຜູ້

el pescado
ປາ

la tortuga
ເຕົ່າ

la morsa
ຊ້າງນ້ຳ

el zorro
ໝາຈອກ

la gacela
ກວາງນ້ອຍ

el fútbol americano
ອາເມລິກັນຟຸດບອນ

el ciclismo
ຂີ່ລົດຖີບ

el tenis
ກິລາເທນນິສ

el básquet
ບັສເກັດບອລ

la natación
ກິລາລອຍນ້ຳ

el boxeo
ຊົກມວຍ

el hockey sobre hielo
ກິລາຕີຄີເດິ່ນນ້ຳແຂງ

el fútbol
ກິລາເຕະບານ

el bádminton
ກິລາຕີດອກປີກໄກ່

el atletismo
ກິລາຢະເພດ ແລ່ນ
ເຕັ້ນແລະແກວ່ງ

el handball
ແຮນບອລ

el esquí
ກິລາສະກີ້

el polo
ກິລາໂປໂລໝ້າ

las actividades
ກິດຈະກຳ

reír
ຫົວ
saltar
ໂດດ
abrazar
ກອດ
caminar
ຍ່າງ
cantar
ຮ້ອງເພງ
soñar
ຝັນ
rezar
ໄຫວ້ພະ / ສວດມົນ
besar
ຈູບ

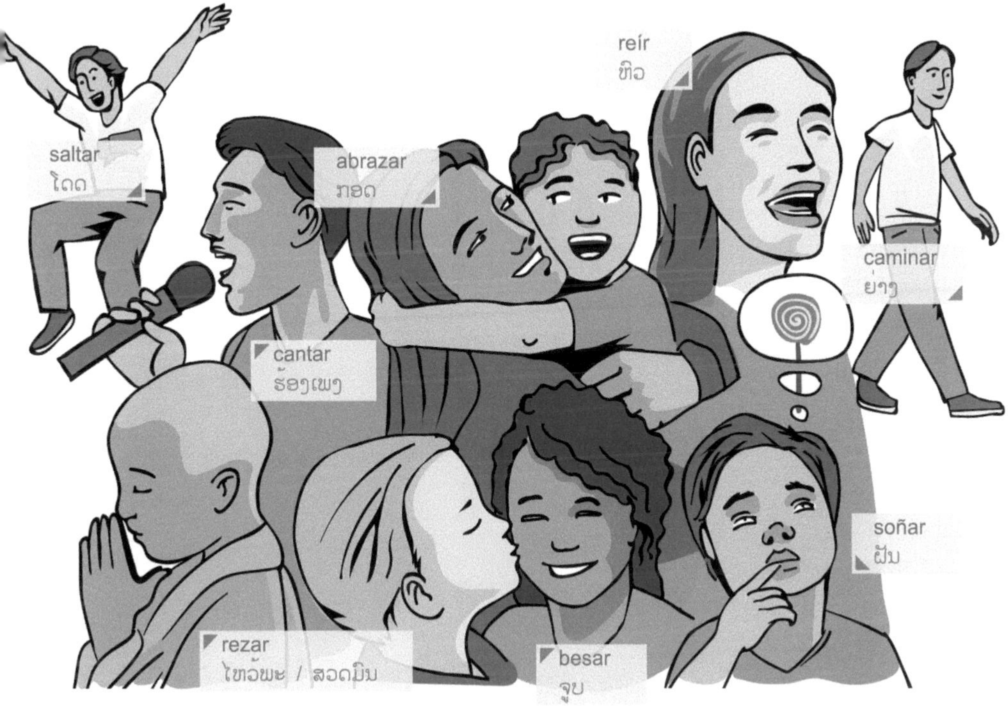

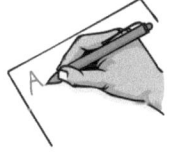

escribir
ຂຽນ

dibujar
ແຕ້ມ

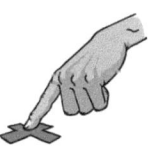

mostrar
ສະແດງ

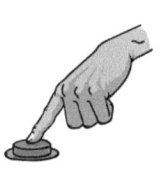

presionar
ຍູ້

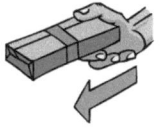

dar
ໃຫ້

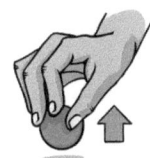

tomar
ເອົາໄປ

tener

ມີ

hacer

ເຮັດ

ser

ເປັນ

estar parado

ຢືນ

correr

ແລ່ນ

tirar

ດຶງ

tirar

ໂຍນ

caer

ລົ້ມ

estar acostado

ນອນຢຽດ

esperar

ລໍຖ້າ

llevar

ຖື

estar sentado

ນັ່ງ

vestirse

ແຕ່ງຕົວ

dormir

ນອນຫຼັບ

despertar

ຕື່ນນອນ

mirar

ເບິ່ງ

llorar

ຮ້ອງໄຫ້

acariciar

ລູບ

peinar

ຫວີຜົມ

hablar

ລົມ

entender

ເຂົ້າໃຈ

preguntar

ຄຳຖາມ

escuchar

ຟັງ

beber

ດື່ມ

comer

ກິນ

ordenar

ຈັດໃຫ້ເປັນລະບຽບ

amar

ຮັກ

cocinar

ຖໍ່ກິນ

manejar

ຮັບລົດ

volar

ບິນ

navegar

ແລ່ນເຮືອ

calcular

ຄິດໄລ່

leer

ອ່ານ

aprender

ຮຽນຮູ້

trabajar

ເຮັດວຽກ

casarse

ແຕ່ງງານ

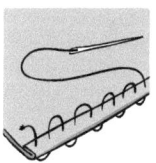

coser

ຫຍິບ

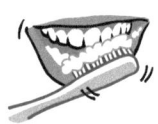

cepillarse los dientes

ແປງຟັນ

matar

ຂ້າ

fumar

ສູບຢາ

enviar

ສົ່ງ

la familia
ຄອບຄົວ

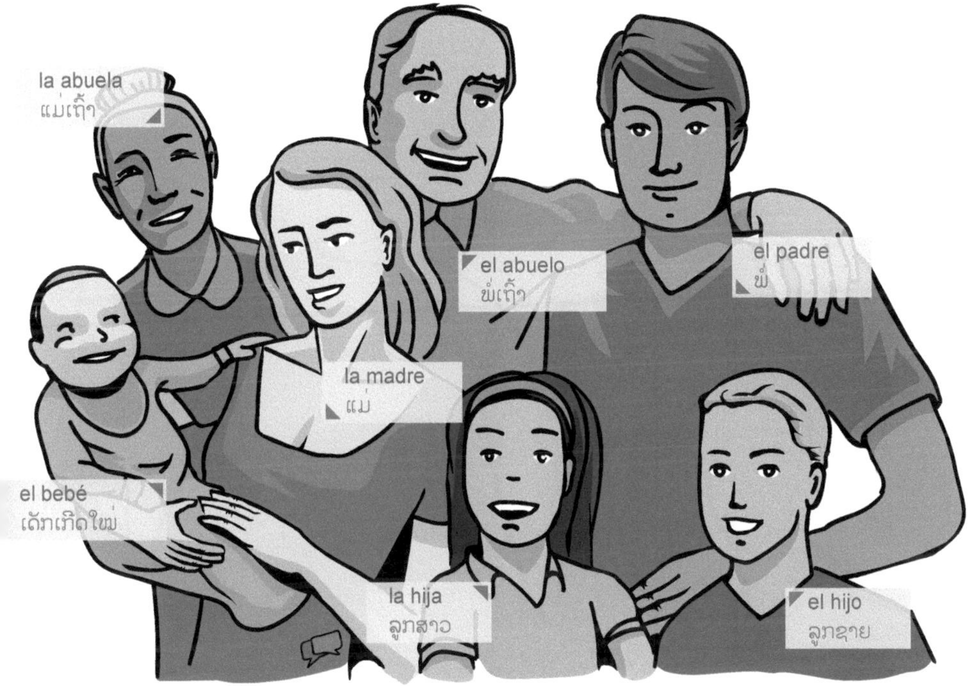
la abuela
ແມ່ເຖົ້າ
el abuelo
ພໍ່ເຖົ້າ
el padre
ພໍ່
la madre
ແມ່
el bebé
ເດັກເກີດໃໝ່
la hija
ລູກສາວ
el hijo
ລູກຊາຍ

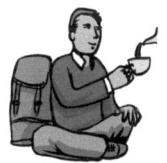

el invitado
....
ແຂກ

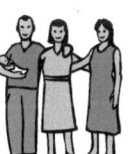

la tía
....
ປ້າ

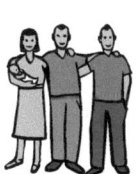

el tío
....
ລຸງ

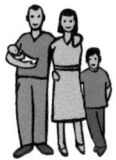

el hermano
....
ອ້າຍນ້ອງ

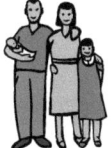

la hermana
....
ເອື້ອຍນ້ອງ

el cuerpo

ຮ່າງກາຍ

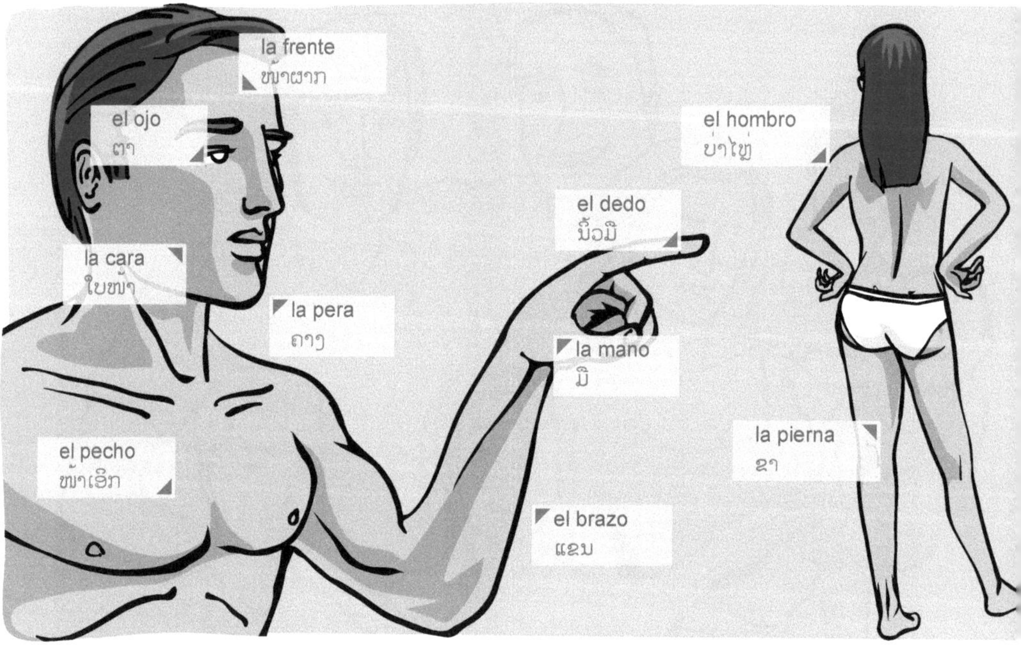

la frente
ໜ້າຜາກ

el ojo
ຕາ

el hombro
ບ່າໄຫລ່

el dedo
ນິ້ວມື

la cara
ໃບໜ້າ

la pera
ຄາງ

la mano
ມື

el pecho
ໜ້າເອິກ

la pierna
ຂາ

el brazo
ແຂນ

el bebé

ເດັກເກິດໃໝ່

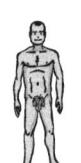

el hombre

ຜູ້ຊາຍ

la mujer

ຜູ້ຍິງ

la nena

ເດັກຍິງ

el nene

ເດັກຊາຍ

la cabeza

ຫົວ

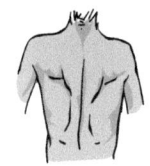

la espalda

ຫຼັງ

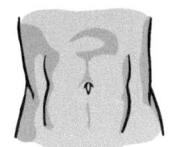

la panza

ທ້ອງ

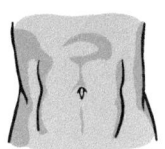

el ombligo

ສະບື

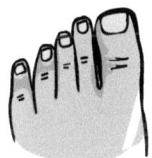

el dedo del pie

ນິ້ວຕີນ

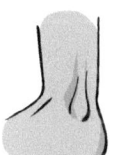

el talón

ສົ້ນຕີນ

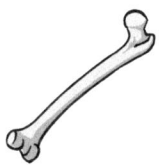

el hueso

ກະດູກ

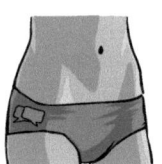

la cadera

ກະໂພກ

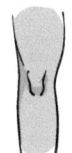

la rodilla

ຫົວເຂົ່າ

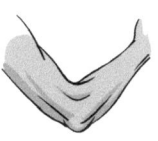

el codo

ແຂນສອກ

la nariz

ດັງ

la cola

ກົ້ນ

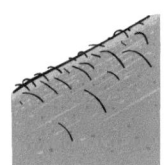

la piel

ຜິວໜັງ

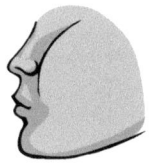

el cachete

ແກ້ມ

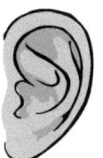

la oreja

ຫູ

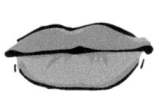

el labio

ຮິມສົບ

la boca

ປາກ

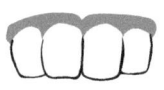

el diente

ແຂ້ວ

la lengua

ລີ້ນ

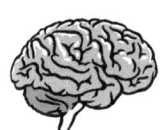

el cerebro

ສະໝອງ

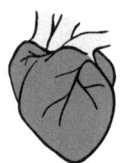

el corazón

ຫົວໃຈ

el músculo

ກ້າມເນື້ອ

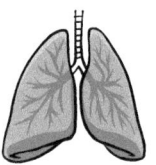

el pulmón

ປອດ

el hígado

ຕັບ

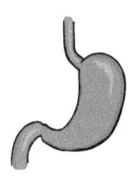

el estómago

ກະເພາະ

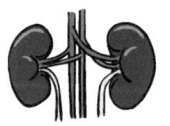

los riñones

ໄຕ

el sexo

ເພດສຳພັນ

el preservativo

ຖົງຢາງອະນາໄມ

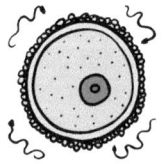

el óvulo

ເຊລສືບພັນ

el semen

ນ້ຳອະສຸຈິ

el embarazo

ການຖືພາ

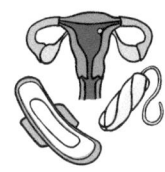

la menstruación

ປະຈຳເດືອນ

la vagina

ຊ່ອງຄອດ

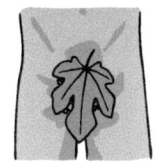

el pene

ອະໄວຍະວະເພດຊາຍ

la ceja

ຄິ້ວ

el pelo

ເສັ້ນຜົມ

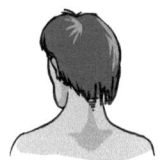

el cuello

ຄໍ

el hospital
ໂຮງໝໍ

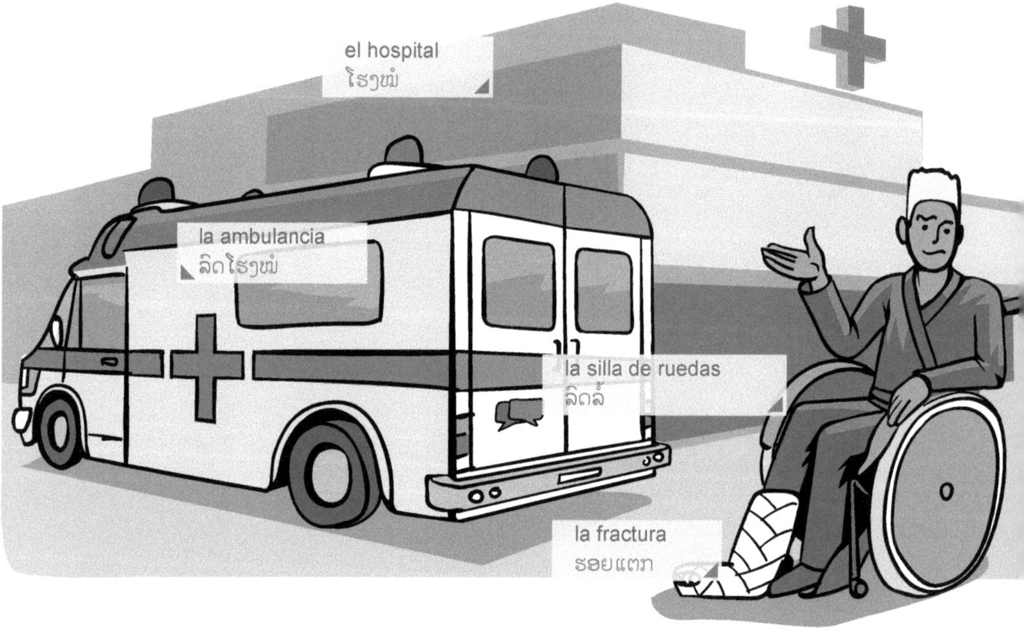

el hospital
ໂຮງໝໍ
la ambulancia
ລົດໂຮງໝໍ
la silla de ruedas
ລົດລໍ້
la fractura
ຮອຍແຕກ

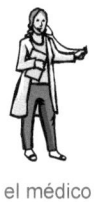

el médico

ທ່ານໝໍ

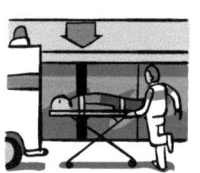

la sala de guardia

ຫ້ອງສຸກເສີນ

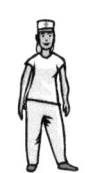

la enfermera

ພະຍາບານ

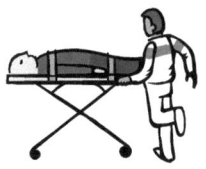

la emergencia

ສຸກເສີນ

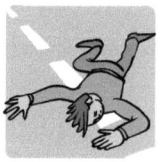

inconsciente

ໝົດສະຕິ

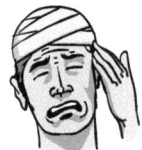

el dolor

ອາການເຈັບປວດ

la lesión

ການບາດເຈັບ

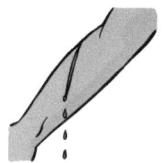

la hemorragia

ເລືອດໄຫຼ

el infarto

ຫົວໃຈວາຍ

el ACV

ໂຣກຫຼອດເລືອດໃນສະຫມອງ

la alergia

ອາການແພ້

la tos

ໄອ

la fiebre

ໄຂ້

la gripe

ໄຂ້ຫວັດ

la diarrea

ຖອກທ້ອງ

el dolor de cabeza

ເຈັບຫົວ

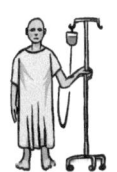

el cáncer

ໂຣກມະເລງ

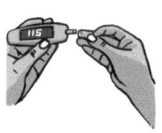

la diabetes

ພະຍາດເບົາຫວານ

el cirujano

ໝໍຜ່າຕັດ

el bisturí

ມີດຜ່າຕັດ

la operación

ການຜ່າຕັດ

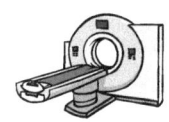

la TC

ເຄື່ອງເອັກສເຣເຣຄອມພິວເຕີ

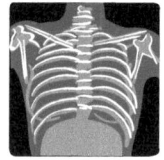

los rayos x

ເອັກສ໌-ເຣ

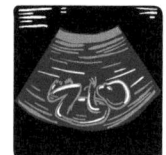

la ecografía

ອູລຕຣາຊາວ (ultrasound)

el barbijo

ໜ້າກາກອະນາໄມ

la enfermedad

ພະຍາດ

la sala de espera

ຫ້ອງລໍຖ້າ

la muleta

ໄມ້ຄ້ຳຂີ້ແຮ້

la curita

ຜ້າຍາງຕິດບາດ

la venda

ຜ້າພັນແຜ

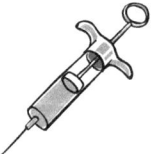

la inyección

ສັກຢາ

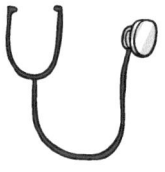

el estetoscopio

ເຄື່ອງຟັງປອດຫົວໃຈ

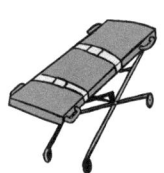

la camilla

ເປຫາມຄົນເຈັບ

el termómetro

ບາຫຼອດວັດໄຂ້

el nacimiento

ການເກີດ

el sobrepeso

ນ້ຳໜັກເກີນ

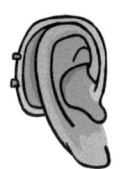

el audífono

ເຄື່ອງຊ່ວຍຟັງ

el desinfectante

ນ້ຳຢາຂ້າເຊື້ອ

la infección

ການຕິດເຊື້ອ

el virus

ເຊື້ອໄວຣັສ

el VIH / SIDA

HIV / ເອດສ໌

el remedio

ຢາ

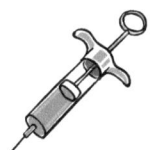

la vacunación

ການສັກວັກຊີນ

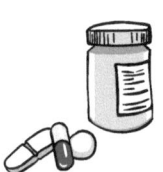

los comprimidos

ຢາເມັດ

la pastilla anticonceptiva

ຢາເມັດ

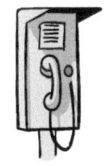

la llamada de emergencia

ໂທອອກສຸກເສີນ

el tensiómetro

ເຄື່ອງວັດຄວາມດັນເລືອດ

enfermo / sano

ໄຂ້ / ສຸຂະພາບດີ

¡Ayuda!

ຊ່ວຍດ້ວຍ!

la alarma

ສັນຍານເຕືອນໄພ

la agresión

ການທຳຮ້າຍຮ່າງກາຍ

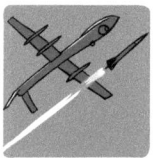

el ataque

ການໂຈມຕີ

el peligro

ອັນຕະລາຍ

la salida de emergencia

ທາງອອກສຸກເສີນ

¡Fuego!

ໄຟໄໝ້!

el matafuego

ບັ້ງດັບເພີງ

el accidente

ອຸປະຕິເຫດ

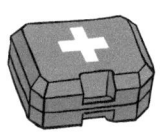

el botiquín de primeros auxilios

ຊຸດປະຖົມພະຍາບານຂັ້ນຕົ້ນ

el SOS

ສັນຍານຂໍຄວາມຊ່ວຍເຫຼືອ

la policía

ຕຳຫຼວດ

Europa

ເອີຣົບ

América del Norte

ອາເມລິກາເໜືອ

América del Sur

ອາເມລິກາໃຕ້

África

ອາຟຣິກາ

Asia

ເອເຊຍ

Australia

ອອສເຕຣເລຍ

el Atlántico

ແອດແລນຕິກ

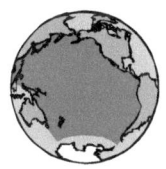

el Pacífico

ປາຊີຟິກ

el Océano Índico

ມະຫາສະໝຸດອິນເດຍ

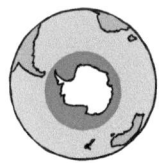

el Océano Antártico

ມະຫາສະໝຸດແອນຕາຣຕິກ

el Océano Ártico

ມະຫາສະໝຸດອາກຕິກ

el polo norte

ຂົ້ວໂລກເໜືອ

el polo sur

ຂົ້ວໂລກໃຕ້

la Antártida

ແອນຕາຣຕິກາ

la Tierra

ໂລກ

la tierra

ດິນ

el mar

ທະເລ

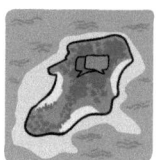

la isla

ເກາະ

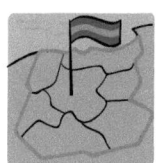

la nación

ຊາດ / ປະເທດຊາດ

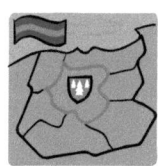

el estado

ລັດ

la esfera
ໜ້າປັດໂມງ

la manecilla de las horas
ເຂັມໂມງ

el minutero
ເຂັມນາທີ

el segundero
ເຂັມວິນາທີ

¿Qué hora es?
ຈັກໂມງແລ້ວ?

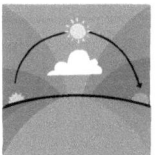

el día
ວັນ

la hora
ເວລາ

ahora
ຕອນນີ້

el reloj digital
ໂມງດີຈິຕອລ

el minuto
ນາທີ

la hora
ຊົ່ວໂມງ

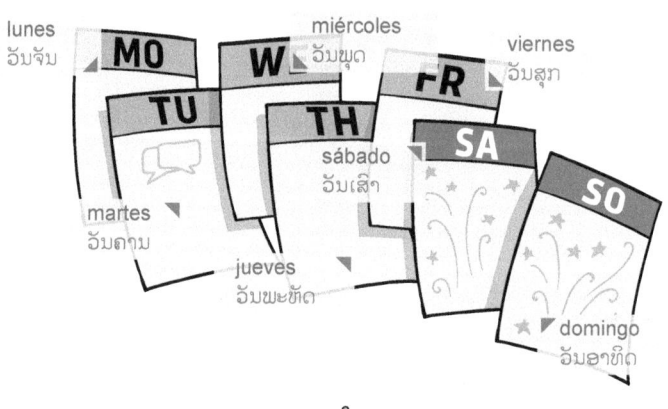

lunes
ວັນຈັນ

miércoles
ວັນພຸດ

viernes
ວັນສຸກ

martes
ວັນຄານ

jueves
ວັນພະຫັດ

sábado
ວັນເສົາ

domingo
ວັນອາທິດ

ayer
ມື້ວານນີ້

hoy
ມື້ນີ້

mañana
ມື້ອື່ນ

la mañana
ຕອນເຊົ້າ

el mediodía
ຕອນທ່ຽງ

la tarde
ຕອນແລງ

MO	TU	WE	TH	FR	SA	SU
1	2	3	4	5	6	7
8	9	10	11	12	13	14
15	16	17	18	19	20	21
22	23	24	25	26	27	28
29	30	31	1	2	3	4

los días hábiles
ວັນເຮັດວຽກ

MO	TU	WE	TH	FR	SA	SU
1	2	3	4	5	6	7
8	9	10	11	12	13	14
15	16	17	18	19	20	21
22	23	24	25	26	27	28
29	30	31	1	2	3	4

el fin de semana
ທ້າຍສັບປະດາ

el año
ປີ

la lluvia
ຝົນຕົກ
el arco iris
ຮຸ້ງກິນນ້ຳ
la nieve
ຫິມະ
el viento
ລົມ
la primavera
ລະດູໃບໄມ້ປົ່ງ
el otoño
ລະດູໃບໄມ້ຫຼົ່ນ
el verano
ລະດູຮ້ອນ
el invierno
ລະດູໜາວ

4.APRIL 11°
5.APRIL 4°
6.APRIL 13°
7.APRIL 8°
8.APRIL 10°

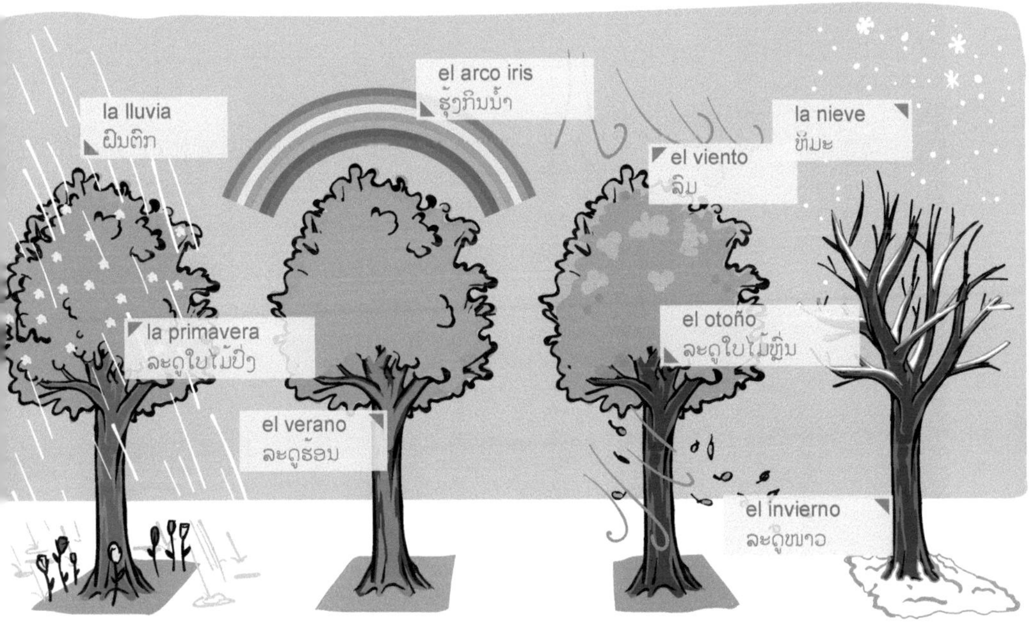

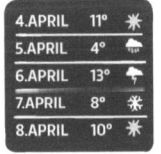

el pronóstico meteorológico

ການພະຍາກອນອາກາດ

F C
120 40
90 30
60 20
30 10
0 0
-30 -10
-20

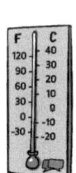

el termómetro

ເຄື່ອງວັດອຸນຫະພູມ

la luz del sol

ແສງແດດ

la nube

ຂີ້ເຝື້ອ

la niebla

ໝອກ

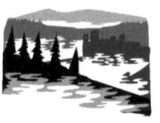

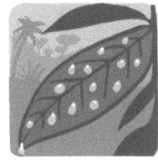

la humedad

ຄວາມຊຸ່ມ

el rayo

ສາຍຟ້າແມບ

el trueno

ຟ້າຮ້ອງ

la tormenta

ພະຍຸ

el granizo

ໝາກເຫັບ

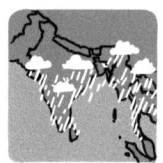

el monzón

ລົມມໍລະສຸມ

la inundación

ນ້ຳຖ້ວມ

el hielo

ນ້ຳກ້ອນ

enero

ມັງກອນ

febrero

ກຸມພາ

marzo

ມີນາ

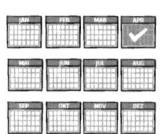

abril

ເມສາ

mayo

ພຶດສະພາ

junio

ມິຖຸນາ

julio

ກໍລະກົດ

agosto

ສິງຫາ

el año - ປີ

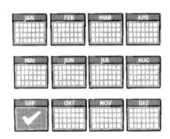

septiembre
ກັນຍາ

octubre
ຕຸລາ

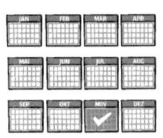

noviembre
ພະຈິກ

diciembre
ທັນວາ

las formas
ຮູບຮ່າງ

el círculo
ວົງມົນ

el cuadrado
ສີ່ຫຼ່ຽມ

el rectángulo
ຮູບສີ່ຫຼ່ຽມມຸມສາກ

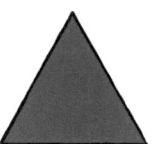

el triángulo
ສາມຫຼ່ຽມ

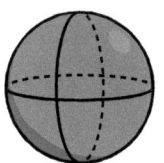

la esfera
ໝວຍກົມ

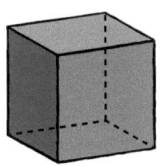

el cubo
ຮູບສີ່ຫຼ່ຽມມີນທົນ

blanco

ສີຂາວ

amarillo

ສີເຫຼືອງ

naranja

ສີສົ້ມ

rosa

ສີບົວ

rojo

ສີແດງ

violeta

ສີມ່ວງ

azul

ສີຟ້າ

verde

ສີຂຽວ

marrón

ສີນ້ຳຕານ

gris

ສີເທົາ

negro

ສີດຳ

mucho / poco

ຫຼາຍ / ນ້ອຍ

enojado / tranquilo

ໃຈຮ້າຍ / ໃຈເຢັນ

lindo / feo

ງາມ / ຂີ້ຮ້າຍ

el principio / el fin

ການເລີ່ມຕົ້ນ / ການສິ້ນສຸດ

grande / chico

ໃຫຍ່ / ນ້ອຍ

claro / oscuro

ແຈ້ງ / ມືດ

el hermano / la hermana

ນ້ອງຊາຍຫຼືອ້າຍ /
ນ້ອງສາວຫຼືເອື້ອຍ

limpio / sucio

ສະອາດ / ເປື້ອນ

completo / incompleto

ສຳເລັດ / ບໍ່ສຳເລັດ

el día / la noche

ກາງວັນ / ກາງຄືນ

muerto / vivo

ຕາຍ / ມີຊີວິດ

ancho / angosto

ກວ້າງ / ແຄບ

comestible / no comestible

ກິນໄດ້ / ກິນບໍ່ໄດ້

malo / amable

ຊົ່ວຮ້າຍ / ໃຈດີ

entusiasmado / aburrido

ຫ້າຕື່ນເຕັ້ນ / ຫ້າເບື່ອ

gordo / flaco

ອ້ວນ / ຈອຍ

primero / último

ທຳອິດ / ສຸດທ້າຍ

el amigo / el enemigo

ເພື່ອນ / ສັດຕຼ

lleno / vacío

ເຕັມ / ວ່າງເປົ່າ

duro / blando

ແຂງ / ນຸ້ມ

pesado / liviano

ໜັກ / ເບົາ

el hambre / la sed

ຄວາມຫິວ / ຄວາມຫິວນ້ຳ

enfermo / sano

ໄຂ້ / ສຸຂະພາບດີ

ilegal / legal

ຜິດກົດໝາຍ / ຖືກກົດໝາຍ

inteligente / estúpido

ສະຫຼາດ / ໂງ່

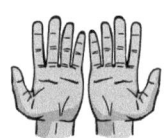

izquierda / derecha

ຊ້າຍ / ຂວາ

cerca / lejos

ໃກ້ / ໄກ

nuevo / usado

ໃໝ່ / ໃຊ້ແລ້ວ

nada / algo

ບໍ່ມີຫຍັງ / ບາງສິ່ງບາງຢ່າງ

viejo / joven

ແກ່ / ໜຸ່ມ

encendido / apagado

ເປີດ / ປິດ

abierto / cerrado

ເປີດ / ປິດ

silencioso / ruidoso

ງຽບ / ດັງ

rico / pobre

ຮັ່ງມີ / ຍາກຈົນ

correcto / incorrecto

ຖືກ / ຜິດ

áspero / suave

ບໍ່ລຽບ / ລຽບ

triste / contento

ໂສກເສົ້າ / ດີໃຈ

corto / largo

ສັ້ນ / ຍາວ

lento / rápido

ຊ້າ / ໄວ

mojado / seco

ປຽກ / ແຫ້ງ

caliente / frío

ອົບອຸ່ນ / ໜາວເຢັນ

guerra / paz

ສົງຄາມ / ສັນຕິພາບ

0

cero

ສູນ

1

uno

ໜຶ່ງ

2

dos

ສອງ

3

tres

ສາມ

4

cuatro

ສີ່

5

cinco

ຫ້າ

6

seis

ຫົກ

7

siete

ເຈັດ

8

ocho

ແປດ

9

nueve

ເກົ້າ

10

diez

ສິບ

11

once

ສິບເອັດ

12

doce

ສິບສອງ

13

trece

ສິບສາມ

14

catorce

ສິບສີ່

15

quince

ສິບຫ້າ

16

dieciséis

ສິບຫົກ

17

diecisiete

ສິບເຈັດ

18

dieciocho

ສິບແປດ

19

diecinueve

ສິບເກົ້າ

20

veinte

ຊາວ

100

cien

ໜຶ່ງຮ້ອຍ

1.000

mil

ໜຶ່ງພັນ

1.000.000

el millón

ໜຶ່ງລ້ານ

el inglés

ພາສາອັງກິດ

el inglés americano

ພາສາອັງກິດແບບອາເມລິກັນ

el chino mandarín

ພາສາຈີນແມນດາຣິນ

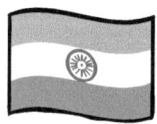

el hindi

ພາສາຮິນດິ

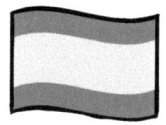

el español

ພາສາສະເປນ

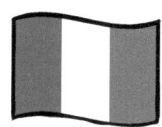

el francés

ພາສາຝຣັ່ງເສດ

el árabe

ພາສາອາຣັບ

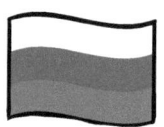

el ruso

ພາສາຣັດເຊຍ

el portugués

ພາສາປ໌ອກຕຸຍການ

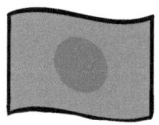

el bengalí

ພາສາແບງກອລ

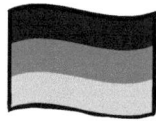

el alemán

ພາສາເຍຍລະມັນ

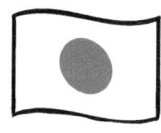

el japonés

ພາສາຍີ່ປຸ່ນ

yo

ຂ້ອຍ

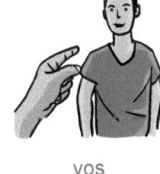

vos

ເจົ້າ

él / ella

ລາວ (ຜູ້ຊາຍ) / ລາວ (ຜູ້ຍິງ) / ມັນ

nosotros

ພວກເຮົາ

ustedes

ພວກເจົ້າ

ellos

ພວກເຮົາ

¿quién?

ໃผ?

¿qué?

ແມບຫยັງ?

¿cómo?

ແນວใด?

¿dónde?

ยู่ใส?

¿cuándo?

ເມື່ອใด?

el nombre

ຊื่

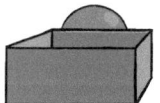

detrás

ຢູ່ທາງຫຼັງ

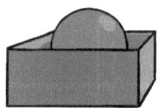

en

ໃນ

adelante de

ຢູ່ທາງໜ້າ

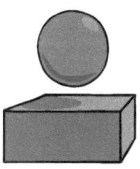

por encima de

ເໜືອກວ່າ

sobre

ຢູ່ເທິງ

debajo de

ຢູ່ກ້ອງ

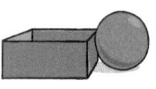

al lado de

ທາງຂ້າງ

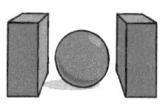

entre

ຢູ່ລະຫວ່າງ

el lugar

ສະຖານທີ່